敬語の基本ご存じですか

萩野貞樹

二見レインボー文庫

【もくじ】

プロローグ

敬語って「ナニ?」

敬語とは「なんらかの上下関係の認識を表す言葉」 8
ののしり言葉も敬語のうち 11
読み・聞き・慣れることがたいせつ 13
適切な言葉を用いることで品格が表れる 14
「です・ます」体で話ができれば五十点 15
尊敬の「れる・られる」はなるべく使わない 17
敬語を使って、憎き相手に一太刀! 20
敬語は、尊敬語・謙譲語・丁寧語の三つだけ 22

言葉はあくまで「保守」されるべきもの 23
二重敬語——敬語の使いすぎにご用心 26

第一章

敬語づかいの「準備」

敬語三つをここでキメる 30
イ 尊敬語 31
よくわかる尊敬語一覧 33
尊敬語がよくわかる基礎練習問題 39
ロ 謙譲語 54
よくわかる謙譲語一覧 56
謙譲語がよくわかる基礎練習問題 60
ハ 丁寧語 78

第二章

図でわかる敬語の「しくみ」

ハギノ式敬語のしくみ図マスター講座 82
みなさん、これが敬語のしくみ図ですよ 83
さあ、いよいよ図を描いてみよう！ 86
「さしあげる」は下位者が上位者にものを渡す行為 88
話題はセリフの中身と考えればわかりやすい 91
尊敬語は右上がりの斜め線のところに現れる 94
丁寧語は話し相手への直接の敬意表現 97
頭の中に図が浮かぶようになればＯＫ 100
敬語のイロハは絶対おぼえておこう 103
敬語のイロハ 111
敬語のしくみ図をつくる練習問題 112
ハギノ式敬語スタジアム Ｉ ウォームアップ編 126

第三章

敬語の「構え」

敬語抜きにはなめらかに会話を交わせない 160
奥さんの年齢をたずねたい…… 161
壁にぶちあたっている先生に…… 166
奥さんはアメリカ人ですか……? 167
職場で「もううんざり!」と言いたい…… 168
課長の居留守の返事は…… 169
「父はいま入浴中」でOK……? 170
夫婦同伴で聞きたいこと…… 171
敬語が満点でもダメな場合、まちがいでもいい場合 173
うっかりオウムがえししたときの恥ずかしさ! 176
いちばんよく使う敬語「お」「ご」 179
みなさん、どんな言葉に「お」をつけますか? 182

「お」は、あくまで尊敬語 188
美化語はまちがった認識から出てきたもの 189
『斜陽』の敬語で練習問題 193
「られる」という言葉について、ちょっと一言 201
例文に丁寧語が出てこないわけは? 203
大江健三郎さんの敬語で練習問題 204
第一語を敬語にしないことがコツ 209
落語『小言幸兵衛』を敬語で表現してみる 214
発音・発声にもしっかり気をつけよう 218
ハギノ式敬語スタジアムⅡ スパーリング編 220

あとがき 236

プロローグ

敬語って「ナニ?」

敬語については日常困ることが多いということなのでしょう。編集部にも私にも、いろいろな質問が寄せられています。その中のいくつかを編集部がまとめてくれました。まずご自分ですこし考えてから、答えをお読みください。

敬語とは「なんらかの上下関係の認識を表す言葉」

問1 私って、友だちともおばさんたちともけっこう仲よく話しているけれど、バイト先の店長に、「お客さまには敬語を使うように」と注意されちゃった。で——、敬語ってナニ？

答 これはまたのっけから、恐るべき、かつ根本的問題です。

これを解決するために、むかしから多くの学者が頭をしぼってきました。

この本も、それになんとか答えようとするもののひとつなのです。答えも研究者の数だけあるといっていいでしょうが、みなさんはせっかくこの本を手にしたのですから、ここは私の言うことを聞いてもらいましょう。

さて敬語とはひとくちに、**人間のなんらかの意味の上下関係の認識を表現する語彙《ごい》の体系**である、と言うことができます。

私たちはほとんど無限の人間関係の中で生きています。家族・恋愛・友人から競争・契約・敵対・憎悪、さらには行きずり、他人まで。その無限の人間関係の中で、**ただ「上下関係」だけが敬語にかかわる**ものです。

「上下」というのは、あとで何度も言うことになりますが、身分や階層とは無関係です。ただ単純に、親と子なら親が上、教師と生徒なら教師が上、親方と弟子なら親方が上、というふうに簡単に考えましょう。親と子は独立した個人として対等な人格である、という種類のむずかしい話は、この際わきによけておいてください。

要するに、人間には上下関係があるのです。

あなたは、たとえばバイト先のだれかが、

店長はお見えになった？


と言うのを聞いたことはありませんか。

「お見えになる」という言葉を使っていますが、これはその人が、自分と店長のあいだの関係を上下でとらえて、店長を上に置いている、そのように認識している、ということを表現しています。

これがつまり「敬語」なのです。

あなたは朝、お祖父《じい》さんに「おはようございます」と言いますね。「ございます」という言葉を使っていますが、これは目の前のお祖父さんに敬意をもって直接声をかけたものです。もちろんお祖父さんを上と認識しているからこうなるので、そうでなければ同じことでも、「よう、早いね」といった表現になるでしょう。この「ございます」が、つまりは敬語です。（78ページ参照）

敬語ってナニ？　の答えとして私は、「人間のなんらかの意味の上下関係の認識を表現する語彙の体系である」と言いました。たしかに右に挙げたものはそういうものだ、とよくわかってもらえたと思います。

ところで、質問の人は、自分は友だちとおばさんたちとも仲よく話しているということでした。ところが店長からは、客にはちゃんと敬語を使えと言われてしまった。

これは、友だちやおばさんがたとはふだんから、ぞんざいないわゆるタメ口《ぐち》を使って会話していて、それをそのままお客さんにも使った、という事情なのだろうと思います。「ホラうまそうじゃん」「ほんとにうめえったらありゃしないよ、ひとつ試してみな」といった調子なのかもしれませんね。やっぱりふつうのお客さんにはこれはいけませんよ。

ののしり言葉も敬語のうち

「上下」と言うならば、たとえばこんなものはどうでしょう。

馬鹿野郎、なにをぬかしやがるんでェ、べらぼうめえ

とあなたが、いやあなたじゃなくてだれかが言ったとしましょう。これは話し相手を「下」に位置づけた表現です。敬語は「上下識別の語彙体系」ですから、これもまた「敬語」か、という問題がありえます。

じつは厳密にはこれも「敬語」と言っていいのです。「敬」の字がありますからちょっとヘンで、「卑語」と言ったりしますが、とにかく敬語の一種です。

私たちはふつうは、「おたんこなす」「すっとこどっこい」「この唐変木め」「おととい来やあがれ」といった表現はとくに学ぶ必要がないので、「敬語の使いかた」といった本では指導されることがないだけです。

ただ、この「ののしり言葉」というのは、たとえば英語や中国語ではおそろしく豊富で発達しているそうですね。日本語ではこんにちじつに貧弱で、世界の言語学界でも注目されているそうです。しかし、とくに江戸時代にはまことに豊富でした。日本語の貧困化を防ぐためにも、すこしは復活したほうがいい

かもしれません。

読み・聞き・慣れることがたいせつ

問2 **敬語は学校で習ったという記憶がなく、人が話しているのを聞きかじりでおぼえてなんとか使っているのが実情です。きちんと体系立てて習いたいなと思っているのですが、そうした本がないのです。**

答 聞きかじりといいますが、みなさんたいていそんなものですよ。ただ、言葉づかいの正しいと思われる人の言葉を、よく注意して聞くことは必要です。体系立てて習いたいということですから、たとえばこの本などを読めばいいのです。ただし、おしまいまで、ネ。

体系立てた本がないということですが、じつは無数にあります。書名だけちょっと挙げてみましょうか。『敬語法の研究』『敬語法』『敬語史論考』『国語

待遇表現体系の研究』『敬語表現』『敬語講座・全十巻』――。

そのほかいくらでもあります。ただ、「ブッチャケ」て言えばそんなものを見る必要はありません。頭が混乱するだけです。

特殊な研究業績をあげようというのでもないかぎり見る必要はありませんが、これと目をつけた教養人の言葉づかいには注意して耳をかたむけるようにすることです。

適切な言葉を用いることで品格が表れる

問3 言葉づかい、とくに敬語の使いかたに、話し手の品格や教養が表れると聞きますが、本当ですか?

答 もちろん本当です。

敬語というのは語彙、ボキャブラリー、いわば単語の問題で、あとは多少の語法上の心得があればいいというものですから、要するに単語の意味を取りちがえてはいけない、と言うだけのことです。トンボのことをチョウチョと言ったらいけませんね。それだけのことです。

私などは「風呂に水を張っておけ」と言おうとして「扇風機に湯を差しておけ」などと言いかねませんが、これでは「品格」どころではありません。要するにまちがえなければいいのです。トンボはトンボと言えばいいのです。正しく使えば当然「品格」も「教養」も表れるでしょう。

品格だの上品さだのと言うと、ハアさようざますか、ごめんあそばせの類だと思っている人がありますがとんでもないことで、人間関係をきちんとつかんで適切な用語を用いる、ということに尽きます。

「です・ます」体で話ができれば五十点

問4 「です・ます」体で話すことができれば、敬語が半分くらいできたも同

じということを耳にしたのですが、ほんとうですか？

答　ほんとうです。ただし、もちろん「半分」ですよ。たとえば、

先生もご覧になりましたか

と言うべきところを、「です・ます」だけ使って、

先生も見ましたか

と言ったとしましょう。

「ご覧になる」という尊敬語が欠けているので、きわめて不完全な表現です。しかし、相手に直接敬意を表現する「ます」は使われているので、ひじょうな無礼ということにはなりません。まあ、若者の言葉としてならなんとか許されることが多いだろうと思います。つまり、半分はできたわけです。一方、

先生もご覧になった？

と言えば、「ご覧になる」という尊敬語が誤りなく使われています。ところが「です・ます」がないために、これは半分なんてものじゃない。零点、いやマイナス点でしょう。

目上の人と話すとき、「です・ます」だけは忘れないようにしましょう。

尊敬の「れる・られる」はなるべく使わない

問5 大阪弁では、動詞の後ろになんでも「はる」をつければ、相手に対する尊敬語になるという便利な言葉があります。共通語も「れる・られる」をつければ簡単に尊敬語ができると思っていたのですが、先生は尊敬の「れる・られる」は全廃したほうがよいと本に書いておられました。でもそれは不便ではありませんか？

答　「全廃」とまで言いました!?　いやしかし、これは使わないようにしたほうがよいのです。不便でもありません。使わないほうが「便利」です。

ところでその前に、あなたは、大阪弁では動詞に「はる」をつければ「相手に対する尊敬語になる」と言っていますが、「相手に対する尊敬語」になるわけではありません。**話題の人への敬語になるだけ**です。

だんはんも、来《き》いはるやろ？

と手代に向かって言った場合、「来いはる」は「相手」に対する敬語ではありませんね。そこにはいない「だんはん」への敬語です。

仁助はんも今日は酔わはったんやろ

というふうに、ほかの人につく敬語だということを確認してください。

おまはん、酔うてはりますのンか

と言った場合は、**相手がたまたま「話題」になっているので「酔うてはる」が現れただけで、「相手への敬意」は「ます」で表現している**のです。これについてはあとで何度も説明しますが、ちょっと注意しておいてください（78・111ページ参照）。

さて「れる・られる」ですが、これはやはり、なんとか避けたほうがよいですね。たとえば、先生がなにか忘れたことを、敬語で言おうとして、

　先生は忘れられたようだ

と言ったとしましょう。ピンと来ますか。

先生はもう追いつかれたらしい。お祖父さまは庭の隅に埋められました。お母さんは大きな庖丁で四つに切られました。先生は、その四つ角で見られたのです。われらの先輩は開始一分、早くも投げ飛ばされました——。

どうですか。

これで敬語だと言われても、私にはとてもわかりません。私だけがわからな

いわけじゃないでしょう。つまり不便です。「れる・られる」はやめて、なにかほかの表現を選ぶべきです。

敬語を使って、憎き相手に一太刀！

問6 **敬語の使いかたで相手を皮肉ったりバカにしたりすることもできるって聞きました。もしそんなふうに使えるのなら、敬語を習ったらよいかな、と思ったのですが？**

答 イヤイヤ、学習意欲を燃やすきっかけはなんでもよいのですが、こういうきっかけもあるとはすこし驚きました。ふつうはそういうねらいの質問には敬語の先生はなかなか答えようとしませんが、結構でしょう。お答えします。

たしかに、敬語を使うことによって、人をバカにしたり皮肉を言ったりすることはできます。たとえば、自分の母親のことをいつも「お母ちゃん」と言う

人があったとき、それは常識にはずれていますから、あなたはそれをからかって、

ホラ、あんたのオカアチャン、なんと言ったのさ

といった具合です。つまり、人の変な言葉づかいを真似して見せて、あんたの言葉づかいはこんなに変なのだよ、と言外ながら露骨に見せてやるわけです。あるいはまた、自分の飼い犬をいつも「この子この子」と言い、「この子ったら、おいしいものをあげたのに食べてもらえないのよ」といった言いかたをする人に向かっては、

あんた、オ子サマには餌《えさ》を差しあげたの？

と言うことができます。「オカアチャン」と似た逆用による皮肉ですが、この場合は、飼い犬に対する不適当な言いかたをする人に対して、その不適当さを拡大して見せることでバカにするわけです。

どうですか。できるでしょう？

しかし忘れないでください。こうして敬語を効果的に皮肉用法に使うためには、本来の正しい用法を心得ていなくてはなりませんよ。その心得がないのでは、そもそも皮肉を言うべき相手かどうか判断がつきません。どう言えば皮肉になるのかも見当がつきません。わかったうえでねじ曲げて見せるから、はじめて皮肉ともなるのです。

さあ、大いに人をバカにし皮肉を言ってください。

敬語は、尊敬語・謙譲語・丁寧語の三つだけ

問7 敬語って、尊敬語とか謙譲語とか、丁寧語とかいうやつでしょ？　そのほか美化語もあるってことは知ってるんですが、いろいろ使いかたがあってむずかしいですよね？

答 おやおや、四つもこぞんじですか。それはお勉強です。

だれが吹きこんだか、ちかごろビカゴ、ビカゴと言う人が増えて困ります。ビカゴの説なんかに巻きこまれたら、あなたの敬語はだめになります。たったいま、きれいさっぱりと忘れてください。

敬語は、あなたも知っている三つだけです。もっとも、先にすこし触れた「なにしやがるんでェ、べらぼうめェ」といった言いかたも敬語の仲間（尊敬語）ですが、それを含めてもやっぱり三つです。美化語などの入る余地はありません。

言葉はあくまで「保守」されるべきもの

問8 正しい敬語とかって言っても、言葉って時代とともに変わるじゃないですか。これが正しいとかって言えないかもしれないじゃないですか。先生って、ちょっと頭が古いんじゃないですか？

答 イヤ、おっしゃいますね。

私の頭が古いのではないかとのことですが、さよう、もちろん古いのです。すなわち「敬語とかってェ、チョーむずいジャーン」などとは言わないのです。

言葉については、正誤・適否の基準はつねに「古いところ」にあります。最新のファッションとか、時代の先どりとかいうことからもっとも遠いところに言葉を考えるための基準点があるのです。理由は簡単で、言葉というものはできるだけ変形・腐蝕《ふしょく》しないように「保守」されなければ、役に立たないものとなるからです。

昨日チョウチョと言ったものが今日からトンボとなったのでは話が通じませんね。千年前の文学にキリギリスが出てきますが、これはその後コオロギと名を変えました。キリギリスはコオロギとなりました。平安朝の言葉が、あのままの形では現在の実生活に役に立たないのはそういうことのためです。

この話は千年前との比較ですよ。あなたのせいぜい百年足らずの生涯で簡単に変わるなどとは考えないことです。すこしでも変わりそうだったら、それを防ぐのが私たちの義務なのです。

「言葉の正しさ」ということについてのあなたの疑問は、ある意味ではまことにもっともです。

ところで、あなたのその「ジャナイデスカ」はやめてくれませんか。少なくとも敬語をちょっと勉強トカしてみたいと思うのだったら、ジャナイデスカのみっともなさ、押しつけがましさ、しまりなさ、甘えぶり、無気力無責任、が感じとれるようにしなくてはなりません。

感じませんか。

ホラ、朝起きるジャナイデスカ（アタリマエダロと内心で私）
冷蔵庫なんか開けるジャナイデスカ（シラネエヨと私）
牛乳なんか飲むジャナイデスカ（カッテニシロと私）

というあんばいです。いちいちいやな感じのものですよ。

これは文法的にもよくないことは説明できるのですが（79ページ参照）、まあやめておきましょう。とにかく、ものを言うときはジャナイデスカをみずから禁じて話してください。あなたの言葉づかいが格段に向上すること請け合いです。

二重敬語――敬語の使いすぎにご用心

問9 **お客さまにお茶を出すとき、鰻《うなぎ》は食べるかどうか聞いて来るように母に言いつけられた。それで、「鰻はお召しあがりになられますか」と神妙にたずねたら、プッと吹きだしたあと、「頂戴します。あなたもお手伝いタイヘンね」って言われてしまった。いったいどこがおかしくて、どこがタイヘンだって言うの？**

答 たしかにお客さまの接待はタイヘンです。緊張しながら、ふだん使いつけない言葉を使うのですから。

「お召しあがりになられますか」は変です。こういうのは二重敬語・三重敬語というもので、みっともないものです。

「召しあがる」というのは、これ自体が立派な敬語（尊敬語）ですから、たんに「召しあがりますか」という言いかたでいいのです。

ただ「召しあがる」という尊敬語は、「いらっしゃる」などとちがって、さらに敬語をつけ、「お召しあがりになる」と言ってもかまいません。そういう敬語もすこしあります。

しかし、そこにさらに敬語「れる」をつけて「お召しあがりになられる」とするのは、緊張のあまりとはいえ、やはり滑稽《こっけい》です。あっさりと、「召しあがりますか」という形でいきましょう。敬意表現において欠けるところはありません。

もちろん、もっと敬意の高い表現はできます。「お召しあがりになっていただけるでございましょうか」といった言いかたです。しかし、そうした表現は、かなり特殊な場面でほかの要素も加えたものですから、いまここでは問題にしなくていいでしょう。

ところで、あなたの「お召しあがりになられますか」は、お客さまが吹きだしたのでもわかるように、けっしていやな感じは与えていません。若い女性の緊張とせいいっぱいの歓迎の気持ちととらえて、お客さまは笑って許してくれます。ご愛嬌というもので、かえってかわいらしいでしょう。

問題は、そのあなたがりっぱな大人になって、会議かなにかでだれかを紹介するといった段になって、なおこれをやった場合です。それは恥というものです。たとえば、「さきほど鰻をお召しあがりになられながらおっしゃられましたが」という具合にやるのは、許されない、というわけです。

第一章

敬語づかいの「準備」

敬語三つをここでキメる

敬語の話といえば、いやになるほど何度も出てくる専門用語があって、これがピンとこないと話はさっぱりわかりません。

専門用語とむずかしく言いましたが、要するに**「尊敬語」「謙譲語」「丁寧語」の三つのことです。敬語はこれで全部**です。またこれ以外には特別な用語はありません。

さて、これらはなにをいうのか、ここで整理して決めておきましょう。まずは尊敬語からです。

イ 尊敬語【そんけいご】

これは、話し手がだれか自分より目上の人のことを話題とするとき、その目上の人のものや動作を表現するときに使う敬語です。

あなたのピアノの教師はあなたの目上ですから、その教師を話題とするときは、

先生はいまアメリカに行っておいでになる

と、「おいでになる」という言葉を使います。これが尊敬語です。

もちろん「先生」も尊敬語です。これはあくまで話し手であるあなたから見て目上だからこういう表現になったものです。**話し手と話題の人物との上下関係だけに従うのが尊敬語**です。それ以外の要素はありません。

とくに注意してもらいたいのは、話の相手、つまり聞き手がだれであるかにはまったく無関係だという点です。

先生はいまアメリカに行っておいでになるのよ（聞き手が目下）
先生はいまアメリカに行っておいでになります（聞き手が目上）
先生はいまアメリカに行っておいでになるのでございます（聞き手が目上）

と、聞き手によってこのように変化しても、「先生」「おいでになる」の部分に変化は生じません。

さて、つぎに、尊敬語を「よくわかる尊敬語一覧」として六項目にまとめてみました。この六項目をしっかりと頭の中に入れてもらうことができれば、尊敬語は語句知識としてはもう大丈夫です。

よくわかる尊敬語一覧

一 語頭・語尾に語をそえるもの

1 「お」「ご」を語頭につける。

お箸　お話　お考え　お望み　お美しい　おすこやか　ご住所　ご意見

・原則として和語には「お」、漢語（漢字語）には「ご」

・和語でも「ご」がつくもの。ごひいき　こもっとも　ごゆっくり

・漢語でも「お」がつくもの。お客　お礼　お茶　お洗濯　お元気

お電話　お名刺　お気の毒

・外来のカタカナ語には原則としてつけない。ただし、日本語としてじゅうぶんなじんだものはそのかぎりでない。おトイレ　おビール　おズボン

2 「おん」「み」「おみ」「ぎょ（御）」を語頭につける。

おん身　おん礼　み心　み堂　おみ足　おみこし　御製《ぎょせい》　御物《ぎょぶつ》

3 「貴」「玉」「高」「尊」「芳」「令」などを語頭につける。主として書翰《しょかん》に用いる。

貴社　貴店　玉稿　玉案　高論　高説　尊父　尊顔　芳名　芳志　令兄　令夫人

4 「さん（さま）」「くん」「どの」「氏」「女史」などの敬称をつける。

5 特定の地位・職業のひとに対して、それに応じた敬称をつける。

「陛下」　天皇（国王）・皇后・皇太后

「殿下」　皇太子・皇太子妃・親王・親王妃・内親王・王・王妃・女王

「閣下」　高官

「猊下《げいか》」　高僧

「先生」　教育者・医師・議員ほか

・いろいろものを教えてくれる人に対しては、教わる立場から幅広く使う。

「師」　宗教家

「博士」　学位保持者
「師匠」　伝統芸能の芸人、とくに落語家
「丈」　歌舞伎俳優
「関」　力士
「親方」　弟子を養成している退役力士
「翁《おう》」　主として老人
・本名よりは一般に号につけるとすわりがよい。芭蕉翁　露伴翁　如是閑《にょぜかん》翁
・号でも、西洋の文芸・学問にたずさわる人には似合わないことがある。漱石翁　鷗外翁　大學翁
・本名でも似合う人、似合わない人がある。松下幸之助翁　松永安左衛門翁　鳩山一郎翁　小泉純一郎翁
「老」　老人
・こんにちあまり使われない。敬称なのだが、浜田幸一老などは本

人はよろこばないかもしれない。

「刀自《とじ》」　年配婦人

・儀礼的な場でこんにちも使われる。

「社長・専務・課長・総裁・長官」

・これら地位名称は、名につけて「山口社長」とすれば内部では敬称となる。外部の人が言えばふつうはたんなる地位名称となる。

6「がた」複数の人につける。

ご家中のかたがた　お客さまがた　宮様がた

7「ご」を語尾につける。

てでご　あねご　おとうとご　むすめご　女御（古）

・こんにちあまり使われない。「あねご」などは「姐御」の文字を用いて特殊な意味に特化しているようである。しかし「むすめご」などはまだ実用性があると思われる。

二 「お――になる」「ご――になる」の形式を用いる

お読みになる　お聞きになる　ご覧になる　ご出席になる

・「お――になる」の形式では、「――」部分には動詞の連用形（読み・書き・持ち・いで・召し）が入る。

・「お――になる」の「に」は、指定助動詞「だ」の連用形だから、その活用に従い、「お読みだろう」「お読みで」「お読みだ」「お読みなら」といった一連の敬語が成り立つ。

・「ご――になる」の形式では、「――」部分には漢語（漢字語）が入る。ただし適否がある。よく熟して自然なものは、「ご覧になる」以外あまりない。

・「ご――になる」が成り立つのは、行動・動作の内容がプラス価値があり、動作者自身の積極的行動であること(指導・活躍など)。

・また、日常生活でよく使われる慣れた語であること（説明・指導・見学など)。

三　「――なさる」「お（ご）――なさる」の形式を用いる

出席なさる　取りなさる　お持ちなさる　ご利用なさる

・「なさる」は「する・なす」の意味の独立の敬語動詞としても使われる。

四　「お（ご）――あそばす」の形式を用いる

おいであそばす　お越しあそばす　ご覧あそばす

五　尊敬の助動詞「れる・られる」をつける

会われる　述べられる　来られる

六　特別な語を用いる

なさる（する・なす）

おわす（である・いる）

いらっしゃる・おいでになる（である・行く・来る・いる）
見える（来る）
おっしゃる（言う）
おぼしめす（思う）
あがる・めしあがる（食う）
なくなる（死ぬ）
召す（着る・乗る）
お年を召す（年をとる） お気に召す お風邪を召す 御腹を召す（切腹する） 花を召す（買う） 命を召す（命を取りあげる）

尊敬語がよくわかる基礎練習問題

問1 つぎの短文の、尊敬語に傍線をつけましょう。

1 ご主人はいらっしゃいますか

2 先生にはご覧に入れただろ?

3 部長のおいでをお待ちしたほうがよいだろう

4 お父さまのご指示はこのことでございました

5 或日のことでございます。御釈迦《おしやか》さまは極楽の蓮池のふちを、独りでぶらぶらお歩きになっていらっしゃいました

答

1 「ご主人」「いらっしゃい」

話題にしている人を尊敬して「ご主人」、その人の動作・状態を尊敬して「いらっしゃる」です。

2 「先生」

「ご覧に入れる」は謙譲語です。

3 「部長」「おいで」

自分の組織の中で、ある特定の上位人物を指して地位名称を使えば尊敬

語となります。「甲社の営業部長は」といった場合は敬語ではありません。

4 「お待ちする」は謙譲語です。「お父さま」「ご指示」「ございます」は丁寧語です。

5 「御釈迦さま」「お歩きになっ」「いらっしゃい」「ございます」「ます」は丁寧語です。

問2 つぎの空所に「お」または「ご」を入れて尊敬語をつくりましょう。

1 □力添えをいただきたく

2 ご新婦の□入場でございます

3 □ひいきを賜りたく

4 □新築のお宅はいかが

5 □両親はお元気ですか

答　1　お――2　ご――3　ご――4　ご――5　ご

問3　つぎの語の頭に適当な語を入れて、尊敬語をつくりましょう。

1　□製（天子様の作品）
2　□息（目上の人の息子）
3　□論（目上の人の論説）
4　□くじ（神社などが発行するくじ）
5　□志（目上の人からの思いやり）

答　1　御――2　令――3　高――4　おみ――5　芳

問4　つぎの空欄に、適当な尊敬語を入れましょう。

1 〈ビジネス文書で〉
拝啓□ますます□の段お慶び申しあげます

2 〈ビジネス文書で、そちらの会社から送られた商品が一ケース不足している から調べて報告してくれ、の意味の文〉
恐れ入りますが、この件□の上、□くださいますようお願い 申しあげます

3 〈ビジネス文書で、当社の信用状態は城南銀行に照会するのが便宜であろう、の意味の文〉
なお、当社の信用状態は、城南銀行に□のがもっとも便宜かとぞんじます

4 〈ビジネス文書で〉
万一遅延することがあれば、本注文は取り消すことになりますので、その点とくに□のうえよろしくお手配ください

5 〈ビジネス文書で〉

この間、業界□ならびに得意先□の□により、こんにちに至りましたことは、感慨ひとしおのものがございます

6 〈客が私を待っているのか、と部下にたずねる〉

お客さまが私を□か

7 〈なにか私に質問してくれ、と会議で発言する〉

なにか□ください

8 〈さっき五万円のストールを買った客は、いたら近くの店員に声をかけてくれ、と店内放送で呼びかける〉

さきほど、五万円のストールを□お客さま、□たらお近くの店員にお声をおかけくださいませ

9 〈あなたの妻は元気か、と部下にたずねる〉

□は□？

10 〈当社の山田社長は出張で不在だと客に伝える〉

あいにく□は□で□でございます

答

1　貴社　ご隆昌

頭語としては「拝啓」「謹啓」など。「そちらの会社」は「貴社」「貴店」などを使います。相手が会社なら「ご発展」「ご隆昌」「ご隆盛」など。「ご健勝」「ご清祥」「ご清勝」「ご清適」などは個人宛に使います。

2　お調べ　ご一報

3　照会なさる

ご照会なさる

ご照会になる

4　お含み

5　各位　各位　ご支援

6　お待ちなの（か）

待っておられるの（か）

待っておいでになるの（か）

待っていらっしゃるの（か）

7 ご質問
質問なさって

8 お買いあげになった
いらっしゃいまし（たら）
おいでになりまし（たら）
「お買いあげくださったお客様」も案内放送として当然正しいのですが、これは謙譲表現です。

9 奥さん
お元気

10 社長の山田
出張
不在
「山田社長」とは言わないというのがポイントです。出張は「ご出張」としないこと。「ご不在」もいけません。外部に対しては社長といえども身内扱いです。

問5 つぎの動詞を「お（ご）——になる」「（お・ご）——なさる」の形式の尊敬語にしてみましょう。

1 散歩する
2 買う
3 死ぬ
4 寝る
5 得る

答

1 散歩なさる・お散歩なさる

2 買いなさる・お買いなさる・お求めになる
3 おなくなりになる
4 おやすみになる
5 取得なさる・獲得なさる・ご獲得なさる

問6 つぎのことがらを、特別な語形の尊敬動詞を使って言ってみましょう。

1 奥さまが来ている
2 先生は見ている
3 奥さまは気に入っている
4 総理が言っている
5 大統領は食っている

答

1

奥さまが来ていらっしゃる
奥さまが来ておいでになる
奥さまが見えておいでになる
奥さまがお見えでいらっしゃる
奥さまが来ておいでだ
「おいでになっている」は×。言い切り部に敬語がないため、「お見えになっている」は避けます。

2

先生は見ていらっしゃる
先生は見ておいでになる
先生はご覧になっていらっしゃる
先生はご覧になっておいでになる
「ご覧になっている」は×です。

3

奥さまは気に入っていらっしゃる
奥さまは気に入っておいでになる
奥さまはお気に召していらっしゃる
奥さまはお気に召しておいでになる
「お気に召している」は×です。

4

総理が言っていらっしゃる
総理が言っておいでになる
総理がおっしゃっておられる
「おっしゃっている」は×です。

5

大統領は食べていらっしゃる
大統領は食べておいでになる
大統領は召しあがっていらっしゃる

大統領は召しあがっておいでになる
「召しあがっている」は×です。

問7 つぎのことがらを、尊敬語に気をつけて言い表してみましょう。

1 (同僚に)社長はゴルフはやるか

2 (同僚に)社長はコンペに出るか

答

1 社長はゴルフはなさるかしら(なさるだろうか)
社長はゴルフはおやりかしら
社長はゴルフはおやりになるかしら
「なさる」は「ご利用なさる」とか「ご説明なさる」などのように補助的に使われることが多い敬語動詞ですが、もちろん「おこなう」の意味で本動詞として単独でも使われます。それが「ゴルフをなさる」です。

「やる」は、ふつうぞんざいな文脈で使われることの多い動詞ですが（たとえば「ちょっとそこらで一杯やるか」「犬に餌はやった？」など）、釣りをやる、競馬をやるといったことの場合は、右のように使ってもおかしくありません。

2

①社長はコンペにおいでかしら（おいでだろうか）
②社長はコンペにおいでになるかしら
③社長はコンペにいらっしゃるかしら
④社長はコンペにお出《で》になるかしら
⑤社長はコンペにご参加かしら
⑥社長はコンペに参加なさるかしら
⑦社長はコンペにご参加なさるかしら
⑧社長はコンペにご参加になるかしら

⑨ 社長はコンペに参加されるかしら

いろいろ成り立ちます。すこし注意したいのは、①⑤などの簡略化した表現も立派な尊敬表現だという点です。「おいでか」「おいでだ」「おいでである」「おいでであろう」「ご参加か」「ご参加だ」「ご参加である」「ご参加であろう」、みな結構です。

よくよく注意しなくてはならないのは、⑨の「参加される」を「ご参加される」と混同しないことです。「ご参加される」は「ご参加する」に「れる」を加えたものですが、「ご参加する」「ご報告する」の形は謙譲語であって上に向かう動作を表します。

また、「出られるかしら」も文法的にはいちおう成り立ちますが、「あの体でコンペなど出られるかしら」の意味（可能）に誤解されるかもしれませんね。候補から外したほうが無難です。

また、この「コンペ」が社内の大会、社長杯のかかったものといった場合なら、「参加」は「出場」が適当です。

ロ 謙譲語【けんじょうご】

これは、話し手であるあなたの発言の中で話題となった人物同士のあいだに上下関係がある場合に、その関係を表現するのに使う敬語です。

「敬語」という名がついていますが、だれかのだれかに対する敬意とか謙遜とかいう「感情」を表現するものではありません。いわば「冷たく」事実をとらえるだけのものです。

ですから私は「謙譲語」という用語自体を廃止すべきだと主張しているのですが、いまのところまだ残っていますから、私もこの用語を使います。

あなたの小学生の子どもが父親に、つまりあなたの夫に手伝っているかどうかたずねるときは、ヨシオ、お父さんにはきちんとお手伝いしてる？

と、「お手伝いする」という言葉を使います。これが謙譲語です。

これは、ヨシオ君とその父親とのあいだに上下関係がありますから、その関係をとらえた表現であって、べつにだれがだれに対して謙《へりくだ》っているというものではありません。

もちろんあなたは夫に敬意も持っているでしょうが、そのために現れたものではなく、あくまで父子の上下の関係をとらえたものにほかなりません。

あなたは「お父さん」という尊敬語を使うかもしれませんが、これはあなたが夫への尊敬語を使ったというよりは、子が使うべき言葉を借りて使ったものとここでは考えてよろしい。その証拠に、あなたは自分のことも子の前では「お母さん」と言うだろうと思います。

さてすこし注意してもらいたいのは、**謙譲語は話題中の人物同士のあいだの上下関係のみに従う**のですが、その「話題」の中には当然あなた自身も、また聞き手の人も現れることがある、ということです。

このことはあとでも何度も言いますが、たとえば、

私はあなたにきちんと申しあげたつもりです

といった発言では、話し手は「私」なる人物であり、聞き手は「あなた」なる人物であり、そのあいだに「伝達」がおこなわれています。そして同時に、このふたりの人物は「話題」の中に登場していますね。そしてこの「話題」中の人物のあいだにある上下関係に従って「申しあげる」という謙譲語が使われているわけです。このことは心にとめておいてください。

それでは、つぎからの「よくわかる謙譲語一覧」を見てください。

よくわかる謙譲語一覧

一　語頭・語尾に一定の語をそえる

1「小」「弊」「拙《せつ》」「愚」「粗」などを語頭につける。

小社　小生　弊社　弊店　拙宅　拙著　愚見　愚息　粗品　粗餐《そさん》

・だいたい書翰用語。一般に謙譲語は他人についても使えるが、これらは話し手（書き手）が自分（側）について使うだけです。

2「こと」「儀」「め」を語尾につける。これも自分側のみ。

私こと　父和雄儀　せがれめ

3「ども」を語尾につける。これも自分側のみ。

二「お（ご）――する（いたす）」の形式を用いる

お迎えする　お届けする　お頼みする　お聞かせする　ご依頼する

ご案内する　ご披露する　ご協力する　ご訪問する

三　特別な語を用いる

いたす（する）　「そのようにいたします」

うかがう（行く・訪ねる）　「一郎は時間までにうかがえただろうか」

うかがう（聞く）　「いいお話をうかがったね」

うかがう（尋ねる）　「もうひとつうかがいます」

うけたまわる（聞く）　「しっかりお話はうけたまわってきたようだ」

うけたまわる（引き受ける）　「ご注文は私がうけたまわったものだ」

あがる（行く・訪ねる）　「先生のお宅にあがったそうじゃないか」

まいる（行く・訪ねる）　「うちの社員がまいることになっております」

申す（言う）　「部長には申してあるんだね」

申す（する（補助的に））　「ご無沙汰申しております」

申しあげる（言う・する）　「娘から申しあげてあるはずだが」

あげる（やる・渡す）　「これをあげるから勘弁してよ」

してあげる（してやる）　「おばさんに席を譲ってあげなさい」

差しあげる（やる・渡す）　「お手紙は差しあげてあるだろ」

して差しあげる（してやる）　「あのかたのお荷物を持って差しあげなさい」

いただく（受けとる）　「ご指示をいただいてからしなさい」
いただく（食う・飲む）　「いただきまあす」
していただく（してもらう）　「お巡りさんに道を教えていただいたよ」
くださる（与える）　「その扇子は師匠がくださったのか」
してくださる（してやる）　「おかみさんが教えてくださったんだね」
あおぐ（受ける）　「ご指示をあおぎたくなにとぞよろしく」
あずかる（干与する・受ける）　「お相伴にあずかることができたのか」
たまわる（もらう）　「念願の認可をたまわったことを報告する」
　「ご支援をたまわったことで完成できた」
頂戴する（もらう）　「ごほうびを頂戴したのか」
お目にかかる（会う）　「なかなか簡単にはお目にかかれないよ」
お目にかける（見せる）　「この作品は早めにお目にかけたいね」
ご覧に入れる（見せる）　「先生にはぜひご覧に入れなさい」
拝借する（借りる）　「さきごろ拝借した品お返しいたします」

拝見する（見る）　「念願のものがやっと拝見できたよ」

拝啓　拝復　拝聴　拝読　拝受　拝承　拝観　拝察　拝命　拝謁　拝礼

謙譲語がよくわかる基礎練習問題

問1 つぎの短文の、謙譲語に傍線をつけましょう。

1 毎度ご利用いただきましてありがとうございます

2 われわれ三人でお送りします

3 お手紙をいただいたの？

4 お手紙はさしあげてあるね？

5 早速お届けするよう手配いたします

答

1 「いただき」

客を上位、自分らを下位においた表現です。「ご利用いただいた」のは自分らであって、けっして客ではないことに注意しましょう。「ご利用」は尊敬語です。

2
「お送りし」
「お送りする」は「送られる人」を上位に、「われわれ」を下位においた表現です。

3
「いただい」
だれか上位者から手紙をもらったことをいう謙譲語。「お手紙」は尊敬語です。

4
「さしあげ」
だれか上位者に手紙をやることをいった謙譲語。「お手紙」は下位者が書く手紙ですが、上位者宛てであって、特別に扱うべきものであるという認識から出た尊敬語です。

5
「お届けする」「いたし」

「お——する」「お——いたす」の形は、下位者が上位者に向かってなんらかの働きかけをするという関係を表現する謙譲語。「いたす」単独でも同様です。

問2 つぎの空所に適切な語を入れて謙譲語をつくりましょう。

1 □行（自分の銀行）
2 □著（自分の著作）
3 □社（自分の会社）
4 □茶（自分が出す茶）
5 □文（自分の文章）

答 1 弊　2 拙・小　3 弊　4 粗　5 拙

問3 つぎのことがらを、「お（ご）――する（いたす）」の形式の謙譲語で言ってみましょう。

1 先生に勧める
2 奥さまに聞かせる
3 長官を案内する
4 先代（社長）の言葉を伝える
5 貴社に協力する

答

1 先生にお勧めする（いたす）
2 奥さまにお聞かせする（いたす）
3 長官をご案内する（いたす）
4 先代のお言葉をお伝えする（いたす）
5 貴社にご協力する（いたす）

問4 つぎの空欄に、適当な謙譲語を入れてみましょう。

1 〈ビジネス文書で、貴社の製品を発注したい旨伝える〉
検討の結果、ぜひ□とぞんじますが、どのような条件でお取引き願えましょうか

2 〈ビジネス文で、支店開設を祝う〉
支店開設□

3 〈手紙文で〉
なお、お祝いのしるしばかりに些少《さしょう》の品を□。どうか□ください

4 〈ビジネス文書で、ふだんから世話になっている礼を言う〉
平素格別のご愛顧を□、まことにありがとうぞんじます

5 〈ビジネス文で〉
この度は設立祝賀会のご招待□、まことにありがとうぞんじます

答

1
(ご) 発注いたしたい
(ご) 発注申しあげたい
(ご) 発注いたそう
(ご) 発注申しあげよう
「ご」はついてもつかなくても結構です。

2
——をお祝い申しあげます
——のお祝いを申しあげます

式辞・挨拶の類ではよく、「をお祝い申しあげたい、と、かように思っておるような次第でございます」といった話しかたの人がありますね。これはみっともないものです。私などはこれを聞くと、「申しあげたいなら申しあげればいいじゃないか。いつ申しあげるんだ」なんて肚《はら》の中で思っています。性格が悪いんでしょうが。

お若いみなさんは式辞を頼まれることは少ないでしょうが、これはやめてくださいよ。

心からお祝いを申しあげたい、と、そのようにぞんじておるようなわけでございます――、アア、恥ずかしい。

3

お送りしました
お送りいたしました
お送り申しあげました
お納め
ご笑納

「受けとってくれ」の意味で「お納めください」「ご笑納ください」と言います。笑納は、「つまらぬものとお笑いでしょうが」といった気持ちを含みます。これは品物の場合です。なお、業務上の支払いのお金なら「ご査収ください」となります。

4 賜り
これは決まり文句と言っていいでしょう。「かたじけのうし」と言ってもいいでしょうが、少々古めかしい。

5 にあずかり
をいただき

問5 つぎのことがらを特別な形の謙譲語を使って言ってみましょう。

1 妹は先生のお宅に行った
2 お客さまのご注文をもらった
3 弟が奥さまに会った
4 この火鉢は師匠がおまえにくれたものだ
5 これは父が宮中からもらった煙草だ

答

1　妹は先生のお宅にうかがった
2　お客さまのご注文をうけたまわった
3　弟が奥さまにお目にかかった
4　この火鉢は師匠がおまえにくださったものだ
5　これは父が宮中よりたまわった煙草だ

問6　①～④から適切な表現のものを選びましょう。

1
①　当社まで至急お届けしてください
②　当社まで至急お届けください
③　当社まで至急お届けされてください
④　当社まで至急お届けいたしてください

2

①社長まですぐお届けになるんだよ
②社長まですぐお届けしてやるんだよ
③社長まですぐお届けをするんだよ
④社長まですぐお届けするんだよ

3

①おまえ、あす先生にお目にかかるの？
②おまえ、あす先生がお目にかかるの？
③おまえ、あす先生とお目にかかるの？
④おまえ、あす先生へお目にかかるの？

4

①本日ご来場してくださったかたにはもれなく記念品をさしあげます
②本日ご来場いただいたかたにはもれなく記念品をさしあげます
③本日ご来場していただいたかたにはもれなく記念品をさしあげます
④本日ご来場くださったかたにはもれなく記念品をさしあげます

5

① なにとぞご支援いただきたく――
② なにとぞご支援していただきたく――
③ なにとぞご支援されていただきたく――
④ なにとぞご支援してくだされたく――

6

① 殿下もご臨席していらっしゃいます
② 殿下もご臨席されておいでございます
③ 殿下もご臨席でございます
④ 殿下もご臨席をたまわっております

7

① 不遜《ふそん》な態度をご覧に入れた
② 不遜な態度をお目にかけた
③ 不遜な態度を見せた
④ 不遜な態度をお見せした

8

①理事会にご指名していただき私が調査してまいりました
②理事会がご指名してくださり私が調査してまいりました
③理事会のご指名をいただき私が調査してまいりました
④理事会にご指名され私が調査してまいりました

9

①三時ごろお目にかかってくださいませんか
②三時ごろお目にかかりたくよろしくお願いします
③三時ごろお目にかかりませんか
④三時ごろお目にかかる時間はございませんか

10

①ご説明くださいと言われましたのでご説明申しあげました
②説明されるようお願いされましたのでご説明申しあげました
③どうかご説明いただきたいとのことでしたのでご説明申しあげました
④説明するようご希望がありましたのでご説明申しあげました

答

1 ②当社まで至急お届けください

「お届けする（いたす）」というのは「上位者に向かって届ける」の意味の謙譲語ですから、「当社まで」の場合はまちがいです。いくら「お届けされて」と言ってみても、これは「お届けする」が基になっているのでいけません。

2 ④社長まですぐお届けするんだよ

書類かなにかを社長に届けることを、部下に軽く命じている場面です。「お届けする」の形を使いますが、②は「やるんだよ」とあって、せっかくの敬語がぶちこわしになっています。

③の「お届けをする」はまちがいとは言えませんが、「お届け、という行為をしろ」と言っているわけで、なにかお土産物とか外部からの贈り物とかを届けろと言っているようで、社内書類などなら不自然です。

3 ①おまえ、あす先生にお目にかかるの？

「お目にかかる」は上位者と会うことをいう謙譲語です。①が適当です。

4 ④本日ご来場くださったかたにはもれなく記念品をさしあげます

「ご——する」という形は謙譲語で、上位者に向かってなにかをするという意味になる語法です。

ただ、ここはことがらが「来場」なので「ご来場する」は「ご相談する」などとはすこしちがって、「上に向かう動作」の意味がすこしぼやけます。すこしぼやけるとは言っても「上に向かう動作」にはちがいありませんから、自分らの会場にお客さまが来ることを「ご来場する」と言ってはいけません。

②と③はよく聞きますが、まったくいけません。「ご来場いヽたヽだヽいヽたヽ」のは主催者側ですよ。

5

①なにとぞご支援いただきたく

②③④は「ご支援する」という語句が基になっています。支援を受けるのは自分なのですから、これらはまったくいけません。

6

③殿下もご臨席でございます

①②がいけないのはお分かりでしょう。

④はひどい。「ご臨席をたまわった」のは自分らです。殿下は「ご臨席くださった」のです。だから「ご臨席くださいました」でもいいでしょうが、いま現在、ご臨席いただいている状態にある、ということを言いたいのですから、簡潔に③の表現でいいでしょう。そうでないと、「ご臨席くださっていらっしゃいます」というふうに、すこしごたごたします。

だからといって「ご臨席くださっています」はダメですよ。結びの「います」のところに殿下への敬語がありません。それくらいなら「ご臨席も「くださる」もやめて、「出席していらっしゃいます」とすることです。

敬語は結びがもっとも大事なのです。
これは尊敬語の問題なのですが、まちがって謙譲語を使って尊敬語のつもりでいる人があるので、ここに入れました。

7

③不遜な態度を見せた
だれか上位者の前で不遜な態度をとったことを言っていますから、立派な謙譲語を使った①②④の答えでもよさそうなものですが、この場合はいけません。そもそも「不遜な態度」などというのは「ご覧に入れ」てはいけないものです。醜態なのですから汚物と同様ひとに見せるべきでない。

答えは③です。

この場合の「見せる」は文字どおり「見せ」たのではなく、「目撃されるところとなった」という意味です。

8

③理事会のご指名をいただき私が調査してまいりました

これも「ご——する」にかかわる問題です。この典型的な謙譲語の形が、世間であまりにまちがって尊敬語として使われているものですから、私もついしつこくなりました。

9

②三時ごろお目にかかりたくよろしくお願いします

この問題は、「私はあなたに会いたいのだ」という意味として考えてください。すると「お目にかかる」は目上の人に会うことをいいますから、①③はダメとなります。

④にひっかかった人はありませんか。④は、敬語抜きで言えば「私があなたに会う時間はないか」の意味になります。「そんなこと知らんよ」の一言で吹っ飛ばされてもしかたありません。

10

④説明するようご希望がありましたのでご説明申しあげました

だれかが自分に対して言った言葉をひとまえで引用するときは、敬語を取り去るのが常識です。たしかにだれかが「ご説明ください」と言ったのでしょうが、それをそのまま引用して言ってはいけません。こういうカギカッコつき談話法は聞いていて恥ずかしいものです。

私の知人に、

お母さま、どうか遊びにおいでください、とジュネーブにいる娘が申すものですからね

といった話しかたをする人がありますが、ちょっといたたまらない感じがします。

娘が、遊びに来るように言うものですからね

という話しかたにしましょう。

八 丁寧語【ていねいご】

丁寧語というのは、話し相手、聞き手に対して直接敬意を表現する言葉です。語句としては**「です」「ます」「ございます」の三つ**しかありません。

敬語のすべてを三つに大きく分類したときのひとつですが、この三語しかないというヘンな敬語です。

しかも、この語についてはふつうに暮らしている日本人ならば使いかたを知らない人はない、という意味でもヘンな敬語です。

話し相手、聞き手、手紙なら読み手にあたる人が、目上、先輩、またなんらかの意味で尊重すべき人物である、と判断したときにだけ現れる敬語です。ふだんあまり意識しないでしょうが、読者のみなさんはかならずその原則に従って使っていますよ。

すこし注意してもらいたいのは、この敬語は話題がなんであるかにはまったく関係がないという点です。どんなにきたない言葉でひとをののしる場合でも、聞き手が目上である以上はかならず現れます。

あの野郎がやりやがったんです

と、ちゃんと「です」が現れますね。一方、どんなに高貴かつ厳粛で畏敬すべき事柄を語っても、聞き手が目下・同輩なら絶対に現れません。

陛下が神宮にご参拝なさるのは今日だよね

というわけです。

こんなことは私がわざわざ言うまでもなくだれでも心得ていることですが、ここであらためて確認しておきましょう。

ついでですが、この「です」は、動詞・形容詞・助動詞にはつけないようにしましょう。つまり、「行くです」「ないです」「楽しかったです」などはおとなの言葉とはいえません。

また「思いますですね」といった言いかたをする人がたまにありますが、これは、限られた世界の人の特殊な言いかたです。私たちは真似しないようにしましょう。

さて、だいたい肩ならしがすんだところでいざ登板ということにしましょう。いやもちろん、話が突然むずかしくなるなどということはまったくありません。

つぎの章では、いよいよハギノ式敬語習得法の十八番！　図のつくり方についてみなさんに説明することになっています。

第二章

図でわかる敬語の「しくみ」

ハギノ式敬語のしくみ図マスター講座

敬語は複雑だたいへんだと言って大騒ぎ、本屋さんには指導書があふれかえっています。なるほど指導書を見るかぎり複雑怪奇です。

しかし、そんなものではありません。敬語にはたった三種類しかなく、しかもそのひとつ丁寧語というのは「です・ます・ございます」だけで、こんなものは、おしまいにくっつければいいだけの話ですからすこしもむずかしくない。あとのふたつ、尊敬語と謙譲語ですが、これだってハギノ式の図で処理すればすこしも複雑ではありません。

ではその基本図の構成、見かたをざっと見ておきましょう。

いまのうちに自慢しておきますが、これは画期的に（！）明晰《めいせき》かつ単純な図で、あらゆる敬語現象は基本的にこれで説明できます。そのつもりでいてください。

みなさん、これが敬語のしくみ図ですよ

まず、敬語のしくみ図とはどういうものかを、説明します。

その図とは、おおよそ左に示したようなものです。

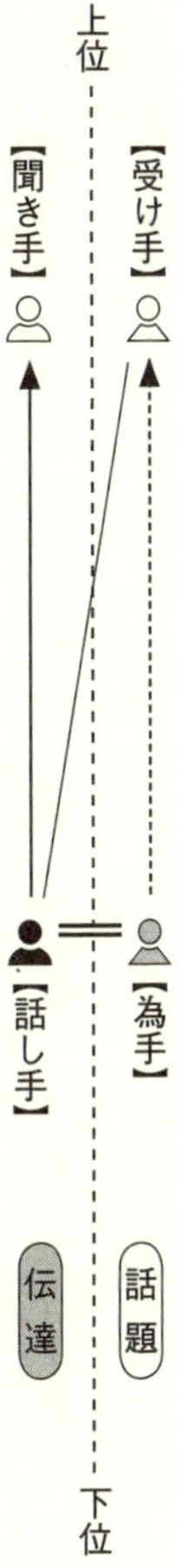

図の真ん中のタテ線は、目盛りはついていませんが、上下関係を表す座標軸です。 の人物は、それぞれに見合った高さに配置されることになります。

このように図を使って、話し手であるあなたの位置を基準に、話題の中の登場人物の位置を正しくとらえることが、敬語を正しく使うための第一のポイン

トです。

つぎにタテ線がふたつに分けている領域についてですが、左側の伝達という領域は、実際に対面して話をする二者を現します。言葉を発するあなた**【話し手】**と、**【聞き手】**です。

右側の話題の領域は、文字どおりなんの話をしているかを表します。話題の世界での行為者を**【為手《して》】**といい、それを受けるのが**【受け手】**です。為手という言葉は耳なれないかもしれませんが、動作・行為をする人という意味です。

為手には、あなた自身がなって、伝達の領域の話し手とイコールで結ばれる場合もありますし、聞き手が為手となったり、話題によっては、まったくよその人や歴史上の人物が為手や受け手になって現れる場合もあります。そうした登場人物の上下関係は、あなた自身が配置するのです。

最後に、「尊敬語の斜めの線」のことですが、この線は、話題の中に登場する人物（為手、受け手）が、あなた（話し手）より上位者であるととらえて尊

●敬語のしくみ図を構成するのは、だいたいつぎの八つです。

1	上位－－－下位	上下関係を表す座標軸
2	伝達	伝達（言葉のやりとり）の領域（軸線の左半分）
3	話題	話題の領域（軸線の右半分）
4	【話し手】●と【聞き手】○	（伝達側に登場）
5	【為手】○と【受け手】○	（話題側に登場）
6	↑（実線）　↑（点線）	会話の方向、行為の方向を表す矢印
7	＝（イコール）	伝達側と話題側の人物が、同一人物であることを表す
8	／	話し手が話題の中に登場する人物を上位者と認め、尊敬語が現れたときの印

敬語を用いたときに現れるものです。

あなたは、話題の中の登場人物を、敬語のしくみ図というレーダー画面でチェックして、尊敬語の使用を判断する必要があります。つまり、だれのことを話しているかをつねに意識しておくことがたいせつです。尊敬語は、図でいえば、話し手の位置から話題の領域に向けて右上がりの線になって表されます。

図の説明はこんなところです。

さあ、いよいよ図を描いてみよう！

それでは、つぎの例文をもとに考えてみましょう。

（学生が）これは私が去年、先生にさしあげた植木ですね

これは先生に向かって直接言ったものです。読者のあなたが学生の立場、話し手となったつもりで見てください。図はこうなります。

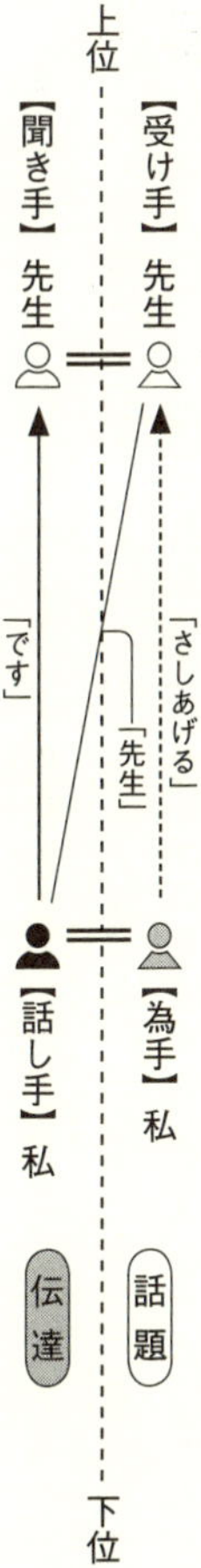

こんな図はこれから何度も出てくるので、あわてることはないのですが、とにかくじっくり見てください。

まず、上下に線が引かれて「上位・下位」とあります。「上下」ということについては本書で何度も言っていますが、およそ敬語なるものの存在する根本条件です。その「上下」はもちろん身分や年齢などで決まるものではありませんが、要するに親分と子分なら親分が上、先生と学生なら先生が上、というふうに、日常の生活感覚で考えればじゅうぶんです。

この上下の縦線の右側は「話題」の領域で、左側は「伝達」の領域です。「伝達」というのは、だれかが声を発して、だれかになにごとかを語るという事実を言います。その発話者が「話し手」で、この場合はあなただと思ってください。例文では「私」となっています。もちろん手紙などならば「書き手」になります。敬語の話でこれを区別する必要はありませんから「話し手」ということにしましょう。それがの印で示されています。

当然に「聞き手」がありますから、それを印で示します。

太い実線矢印（↑）で示したのは、だれが、だれに向かって言ったかという伝達の方向を示しています。

「さしあげる」は下位者が上位者にものを渡す行為

さて、いま「これは私が去年、先生にさしあげた植木ですね」という発言において（話題）となっているのは、去年のあなた（図の「私」）が去年の先生（図の「先生」）に「植木をさしあげた」という授受の関係です。話題中の人物はあなたと先生です。

「さしあげる」動作の「為手」はあなたであり、その動作の「受け手」は先生ですから、このように破線の矢印で図示します。

「さしあげる」というのは、下位者が上位者にものを渡す行為をいいますから、この語は結果的に、話題中の人物のあいだの上下関係を表現していることになります。この種の語を敬語論では「謙譲語」といいます。

謙譲語はかならず、「話題中の二者のあいだの上下関係」に従って現れるものですから、右側「話題」側にしか現れません。左「伝達」側にはけっして出ませんからご注意ください。

夫婦があって娘美佳子《みかこ》がある、としましょう。娘のことを心配して夫が、

美佳子は先生にきちんとさしあげただろうか

と言った場合、美佳子と先生は「話題」の側に現れますね。これが謙譲語の典型的な現れかたです。

ところが美佳子さん自身が（読者のあなたのことですよ）、先生に対面して

しっかり目を見て、

これを（私が）先生にさしあげます

と言ったような場合、この「さしあげる」は話し手が直接聞き手に敬意を表現した語のように錯覚されることがあります。

しかしこれは、あなたが自分を「さしあげる」動作をする人物として「話題」の中に登場させ、先生を、「さしあげる」動作を受ける人物として「話題」の中に出しているのですから、図では当然に、「話題」側に現れるのです。

さて、また87ページの図を見ます。「伝達」の側の「先生」と「話題」側の「先生」、「伝達」側の「私」と「話題」側の「私」とは横に二本線で結ばれていますが、これは同一人物であることを示したものです。

人物としてはたしかに同一であるわけですが、「伝達」側の「先生と私」は、いま現在会話を交わしている人物で「話し手・聞き手」の役割をもち、「話題」

側のふたりは、話題に取りあげられている去年のふたりで「為手・受け手」の関係にあります。敬語の問題ではこれははっきり分けて考えます。

話題はセリフの中身と考えればわかりやすい

私の図で、仮にすこしわかりにくいところがあるとすればこの点かもしれませんが、しかし、

ぼくときみは友達だ
ぼくが死んだらきみは悲しんでくれますか
きみは右利きだがぼくは左利きだ

といった発言において、話し手である「ぼく」が「ぼく」自身を話題の登場人物としていることはべつになんの疑問もありませんね。それと同じことですから、とくに考えこむこともないと思います。

このことは、脚本などの書きかたを思い出せば、もっとはっきりするかと思います。

太郎「ぼくはきみと結婚したい」

において、このゴチックの太郎が「話し手」であり、せりふの中で、ぼく、きみ、は〔話題〕となっているのです。聞き手は花子です。

花子「わたし、あなたとは友達でいたいわ」

と答えたとすれば、ゴチックの花子が「話し手」であり、せりふの中で、わたし、あなた、を〔話題〕としています。聞き手は太郎です。

あたしって、そういうこと嫌いな人なのよ

あたしの言ったこと、まだおぼえているかしら?

などの場合も同じですね。「あたし」の発言において「あたし」が話題になっていることは、なんでもなく理解できるはずです。

なにか私の言いかたがしつこいように感じた人があるかもしれませんが、そしてたしかにしつこいのですが、じつは、こんな簡単なことをおおかたの学者は認めようとしないのです。そのために敬語入門書の類は無限にわかりにくくなり、複雑怪奇となっています。

かれらは、「ぼくときみは友達だ」といった敬語のない表現では、「『ぼく』も『きみ』も話題の中の人物だ」ということを理解しているようです。ところが、そこに敬語が入って、

　これは私が先生にさしあげた植木ですね

となると、突然それがわからなくなる。

つまり、この発話で**「先生」が「話題」の人物であることがわからなくなる。**「聞き手」そのものだと思ってしまう。だから「さしあげる」は「話し手による聞き手向けの敬語である」と、**とんでもない錯覚をしてしまうのです。**

その結果どうなるかというと、さっき出した、

夫「美佳子は先生にきちんとさしあげただろうか」

という場合の敬語がまったく説明できなくなるのです。

つまり、この場合の「夫」の話を聞いている聞き手は妻ですからね。かれらは「さしあげる」を聞き手への敬語としてしまうものだから、これが説明できない。そこで困ってしまった学者のひとりなどは、「美佳子は先生にきちんとさしあげただろうか」といった表現は「こんにちではあり得ない」などと、不思議なことを言いだす始末なのです。

そんなわけで、私の言いかたもわれながらしつこくなりました。

尊敬語は右上がりの斜め線のところに現れる

さて、図（87ページ）にもどりましょう。

「受け手」の「先生」と、「話し手」の「私」とのあいだには斜めの線が見えており、「先生」という語が出ていますが、これは話し手が、話題中の人物への敬意を表現したもので、この種の語を敬語論では「尊敬語」といいます。**尊敬語はこの右上がりの斜め線の部分にしかけっして現れません**から、この点もご注意ください。社員の妻同士の会話で、

社長の奥さまもいらっしゃるかしら

と言った場合、話し手と、話題に出た奥さまとのあいだが斜め線でつながれることはすぐわかりますね。図ならこうです。

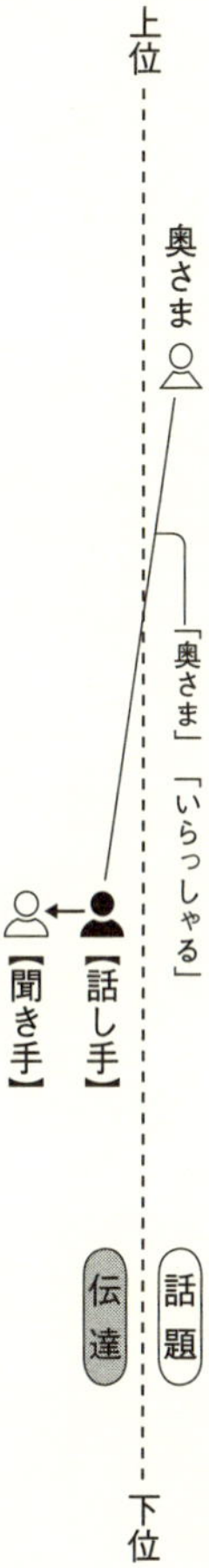

ただもしかして、その奥さまに向かって、

奥さまもいらっしゃいますか

と言った場合、この「いらっしゃる」は聞き手である奥さまへの直接の敬意表現と錯覚されるかもしれません。しかし、さきほど謙譲語の「さしあげる」について言ったことでみなさんおわかりと思いますが、敬語の問題ではそうは考えません。

あくまで奥さまは「話題」に現れた人物であり、その話題の人物がたまたま話の聞き手となっている、という関係です。図ではこうなります。

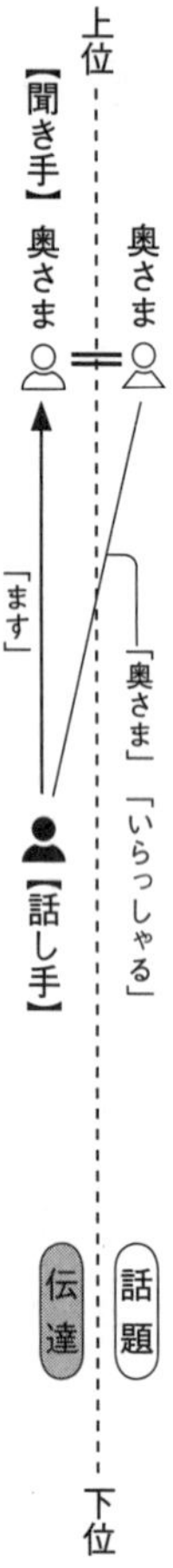

丁寧語は話し相手への直接の敬意表現

つぎに〈伝達〉ですが、またはじめの植木の例文の図（87ページ）を見てください。伝達は話し手である「私」から聞き手（先生）に向かってなされており、それを「↑」で表します。

ここで話し手が聞き手である「先生」に直接敬意を表現して使っているのが「です」という助動詞で、これを敬語論では「丁寧語」といいます。

いや、別のものを丁寧語だと言っている人は世間にいくらでもありますよ。入門書類はほとんどそうだと言っていい。ただ本書を読もうという人なら、私の言う丁寧語の定義をそのまま信じこんでください。そうでないと話がさっぱりわからなくなりますから。

その**丁寧語は、尊敬語や謙譲語とはまったく、根本的に性格のちがった語で、話し相手への直接の敬意表現ですから、図の左側「伝達」の領域にしか現れません。**右の「話題」側にはけっして出ませんからご注意ください。

たとえ英国女王陛下がわが家においでになるということを最大の敬意と緊張をもって語っても、「話題」の側に「です・ます・ございます」は絶対に現れませんよ。たとえばわが子にそのことを語ってみましょう。

こんど女王陛下がうちにいらっしゃるのよ

ありませんね。入れようとしても入りませんね。それが丁寧語です。

一方、女王じゃなくて、うちにこそ泥が入って靴べらを奪って逃げた、ということを語る場合でも、聞き手が目上ならかならず「伝達」側に丁寧語が出ます。

こそ泥のヤツ、まぬけな野郎で靴べらを盗んで逃げやがったんです

出ましたね。「です」がありますね。これが丁寧語というものなのです。

念のためこれを図にしてみましょうか。

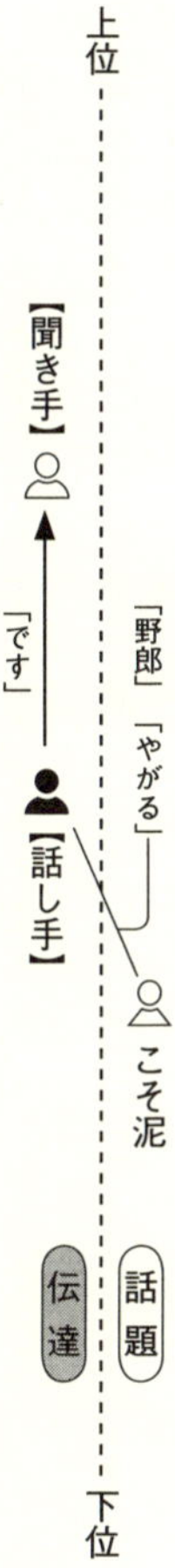

この場合、「こそ泥」は上位者ではありませんから、斜め線は右下がりとなりました。

いろいろ言ってしまって、多少わかりにくいところもあったかもしれませんが、ナニ、図を一度、一分ほどもにらんでみれば全部わかります。

あなたがもしわかりにくいと思ったとすれば、それは自分や相手を話題とした場合のことではありませんか。それならひとつこう考えてください。

つまり、**あなたはなにかひとつでも発言したならば、それはかならずなにかを「話題」としているのだから、それはかならず図の右側の「話題」領域に現れるのだ、**ということです。

さて複雑と思われている敬語ですが、要するにこれだけで、あとは場合によって尊敬・謙譲・丁寧の三つをくみあわせればよいだけです。そしてはじめに出した例文、

これは、私が去年、先生にさしあげた植木ですね

はその三つがいわば「複雑に」くみあわされたものなのです。尊敬語（先生）、謙譲語（さしあげる）、丁寧語（です）の三つです。そしてそれを図示したものが先の図ということになります。

頭の中に図が浮かぶようになればＯＫ

図の見かたということを言ったわけですが、これはもちろん、いつでもこの図を頭に描いてみればおのずから正確な敬語が導きだされますよ、と言いたいためです。

これは私が去年、先生にやった植木だ

ということを的確な敬語にするためには、だれのことを話題にしているか、だれに話しているか、ということを考えて、つぎの図の形をまず頭に描く。

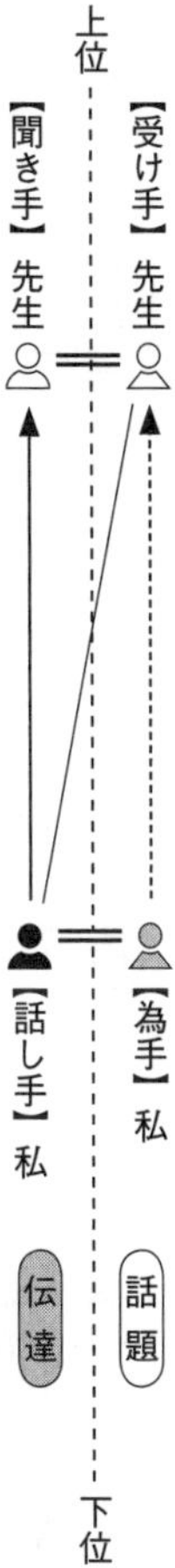

すると〔話題〕の上下関係から「さしあげる」が決まる。斜めの線の尊敬語で「先生」が決まる。〔伝達〕側の上下から「です」が生まれる。そのくみあわせで全体の表現が自然に導きだされる。

つまり、「これは私が去年、先生にさしあげた植木です」となる、ということです。

また、

去年（先生に）やった植木をおぼえているか

ならば、

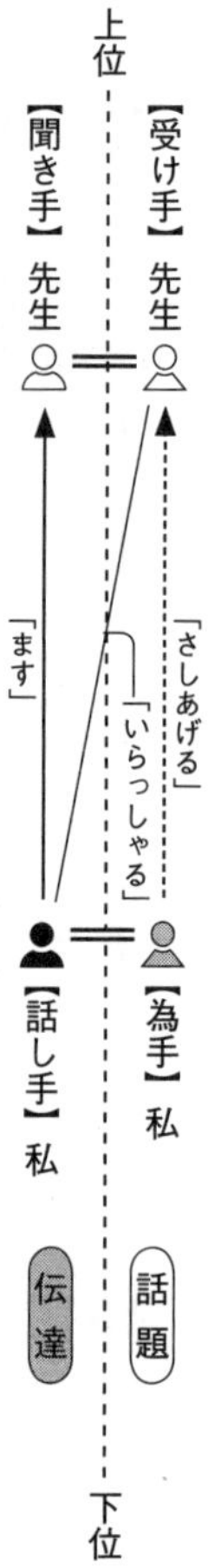

と斜めの線の部分に「いらっしゃる」という尊敬語が浮きあがる。そこで、

（謙譲）（尊敬）（丁寧）

さしあげた植木を・おぼえていらっしゃい・ますか

とくみあわせる。この三段構成で敬語はみな処理できる、と、こういうしかけです。私が図をうるさく言うのはこんな次第です。

さて、もうすっかりわかっちゃいましたか。もう用はありませんか。いやまったくそうかもしれません。しかしそれでは著者の私の立場もありませんから、すこしはあれこれ言うことにいたします。

敬語のイロハは絶対おぼえておこう

さっきの図は、三要素の全部と、同一人物を表す横二本棒とが一図面上に示されたやや複雑な形をしていましたが、今度は整理の意味でひとつずつかかげてみます。

イ 尊敬語＝話題中に登場するものへの尊敬表現

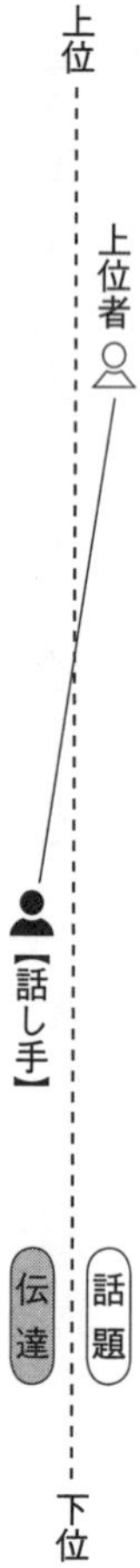

例 社長はここへもおいでになるそうだ
それは課長のご希望なのだよ
会長もだいぶお年を召したね

ここで話題になっているのは、社長、課長、会長などで、話し手から見て上位の人です。その人たちはこの場にはいませんが、上位者ですから尊敬の敬語を使って表現します。

この敬語は、話し手と話題の人とのあいだの上下関係だけに従って出現する敬語です。聞き手がだれであるかにはまったく関係がありませんから、図には聞き手は表示してありません。

ただ、例文の様子では、聞き手は同僚あるいは目下のようですね。それを含めて図に示すとすれば、つぎのようになります。

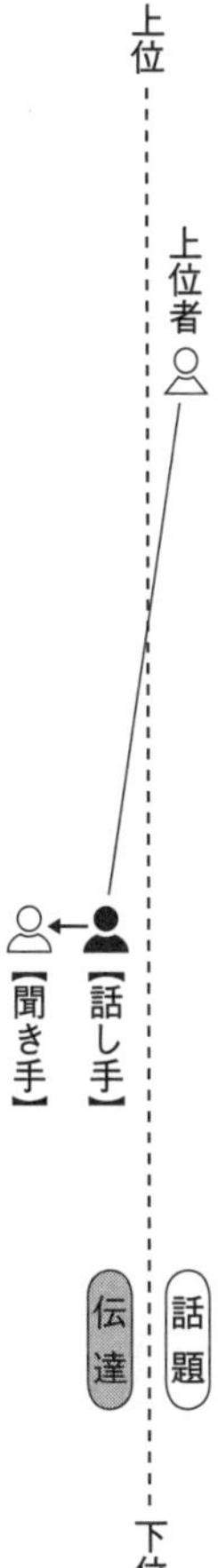

ロ 謙譲語＝話題中に登場する何者かとほかの何者かとのあいだの上下関係を示す。名称は「謙譲語」だが謙譲や尊敬の感情とはかかわりがない。

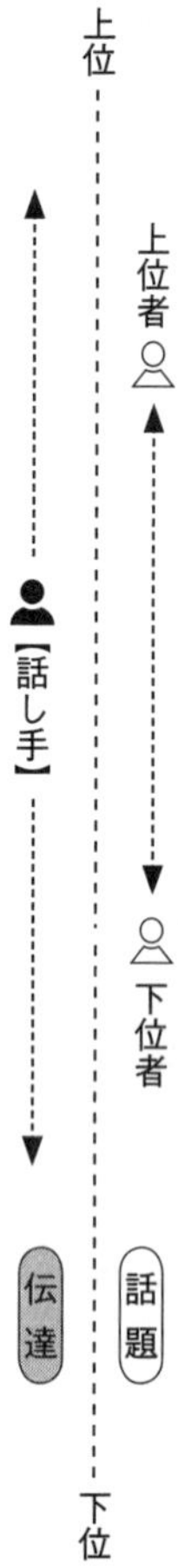

例

1　社長にはご報告しておいた
2　課長にうかがってからにしなさい
3　会長にはご覧にいれただろ

話題に登場しているのはやはり社長、課長、会長といった人たちですが、それだけではありません。言葉のうえで形には現れていませんが、「ご報告する」「うかがう」「ご覧にいれる」といった動作をする人があって、その人が上位者に対してなにかをするわけですから、「話題」側には下位者が存在するのです。そこで次ページの図となるわけです。こうした一群の語句を謙譲語といいます。

これはいまのところ名称が「謙譲語」なので、少々誤解が生じやすいのですが、謙譲（へりくだり）とか尊敬とかの**「感情」は無関係なので注意が必要**です。たんに登場人物間の上下関係だけが問題なのです。

さらに注意したいのは、これらの登場人物と話し手とのあいだの上下関係もまったく関係がないという点です。つまり、ここに登場している社長や課長なりが話し手より上位である必要はない。それを図で表現したのが「伝達」の領域の表示です。話し手は点線矢印で示した、どの点に位置することもできます。

たとえば**2**の例文は、社長が新入社員に語った言葉ともとれますね。図示すればこうなります。

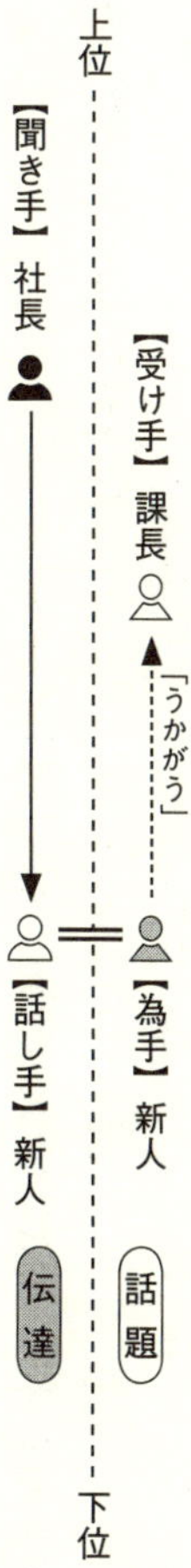

新人が上司課長にたずねるのは「うかがう」という動作ですから、当然、謙譲語の「うかがう」が使われます。**話し手の社長から見れば課長は下位者ですが、新人から見れば上位者**ですからこのようになります。

この点は学者の中にも誤解をしている人が多いので、みなさんはほかの参考書などは見ないのが得策です。それでもちょっと説明しておくと、ほかの学者はこの「うかがう」とか「いただく」とかいう謙譲語は、「話し手と、その上位者とのあいだの関係」に従って出現する、と思っている人が多いのです。

そう思いこんでしまうと、たとえば社長が新人に向かって、

課長にうかがってからにしなさい

とは言えないことになります。課長は話し手の上位者ではありませんからね。**しかし実際は言えますね**。また、祖父が孫に向かって、

お母さんに教えていただきなさい

とも言えないことになります。「お母さん」なる人物は、祖父から見れば自分の娘なのですからね。**しかし実際は言えます**。言えるだけではなくて、むしろこのような言いかたのほうが上品ですらあります。

このことを無視して誤解している人が、学者といわれる人にはかえって多いのです。この点、徹底的に証明しておきたいのですが、みなさんはいま挙げた例だけで納得してくれるでしょう。

ハ　丁寧語＝聞き手への直接の敬意表現

例　1　あいつがやったのです

　　2　ぼくがやります

話し手が聞き手を上位としたときに、その聞き手に直接敬意を表現するものです。話題はなんでもかまいません。「話し手と聞き手との上下関係にのみかかわる敬語」です。

これで図の見かたは説明しました。

次ページに、敬語の基本のイロハの図を解説抜きでまとめてかかげておきましょう。みなさんは、いつでもこのページをひらいて確認するようにしてください。ページナンバーもおぼえておきましょう。111ページです。

敬語のイロハ

イ　尊敬語

＝話題中に登場するものへの尊敬表現

ロ　謙譲語

＝話題中に登場する何者かとほかの何者かとのあいだの上下関係を示す

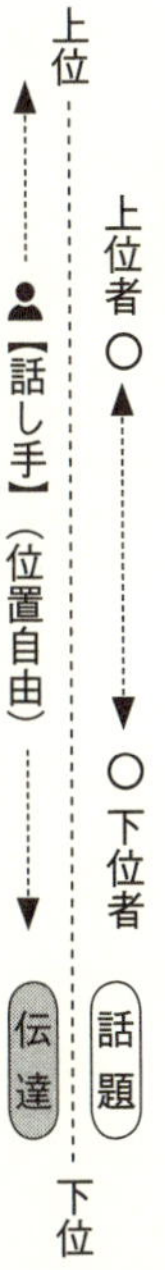

ハ　丁寧語

＝聞き手への直接の敬意表現

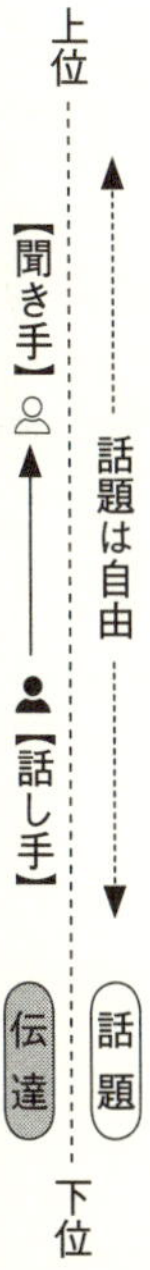

敬語のしくみ図をつくる練習問題

今度はすこし、この敬語図の作図の練習をしてみましょう。たとえば……、いや、まず例題です。

例題 **（課長に）課長も水泳をなさるのですか**

さて、まず最初に、ズバリ上下に線を引いて上に「上位」、下に「下位」と記入します。

ついで右に 話題 、左に 伝達 と記します。

つぎに「話し手」の位置と「聞き手」の位置に印をつけ、話の方向を矢印で示します。話し手は平社員のあなたであり、聞き手は上司である課長です。

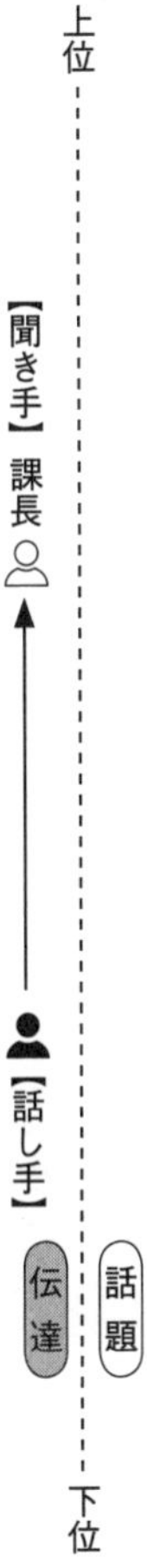

つぎに、なにが(だれが)話題になっているかといえば「課長」ですから、それを記入します。

となりました。

さて、いま話の聞き手である課長が、話題の登場人物となっています。当然同一人物ですから、図はつぎのようになります。

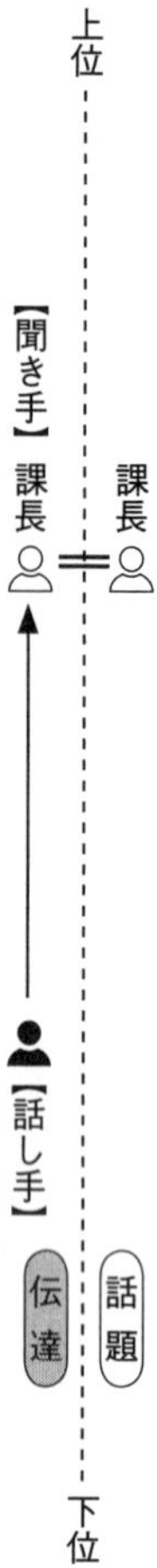

つぎに尊敬語の「なさる」ですが、尊敬語はかならず斜めの線で現れる、とさきほど言ったことを思い出してください。

尊敬語は話し手が話題中の人物を上位と見た表現ですから、図はつぎのようになります。

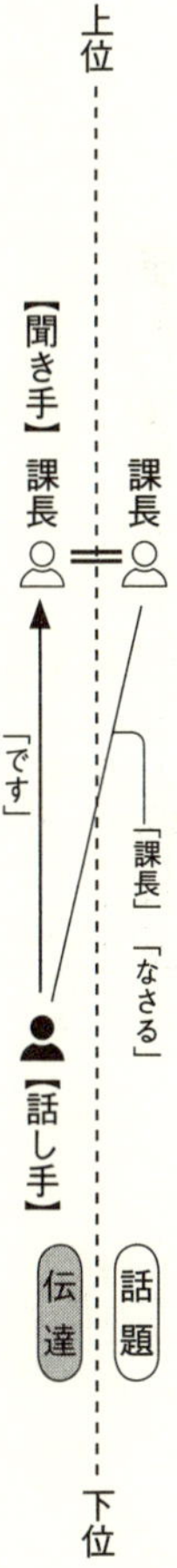

これで完成です。敬語のしくみ図といってもこんな程度のものにすぎません。

まず尊敬語からいくつか問題を出しますが、「伝達」は上位者に向けたものとしましょうか。そうすればいつも「です・ます」調で、つまり「敬体」といわれる文体で考えることができます。外国人が日本語を習うときは、だいたい敬体で習うようですから、私たちもひとつ外国人の真似をしてみましょう。

さきほど私は、「社長の奥さまもいらっしゃるかしら」といった「敬体でないもの」を例にしましたが、あれは尊敬語の特質がよく見えると思ったからです。実際よく見えましたよね。今度は敬体でいってみようというわけです。図では「伝達」側に「聞き手」（上位）、「話し手」（下位）が現れることになります。

問1

① (先輩に) 今度の同窓会には山田先生もいらっしゃいますか

② (課長に) 奥さまはおいででしょうか

③ (祖父に) お母さんはお出かけなんです

答

①

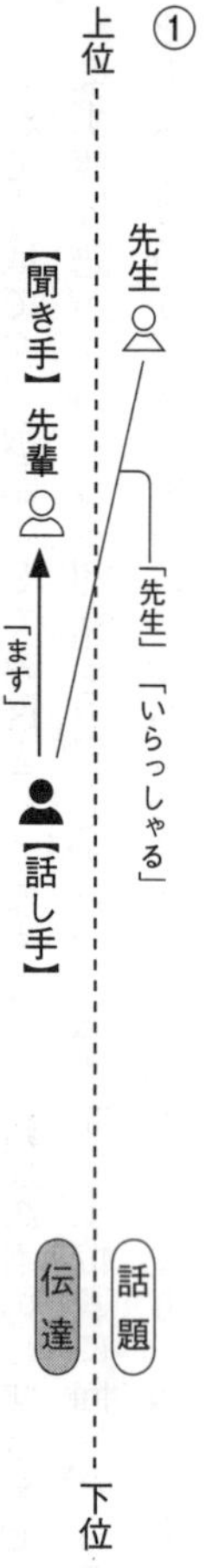

②

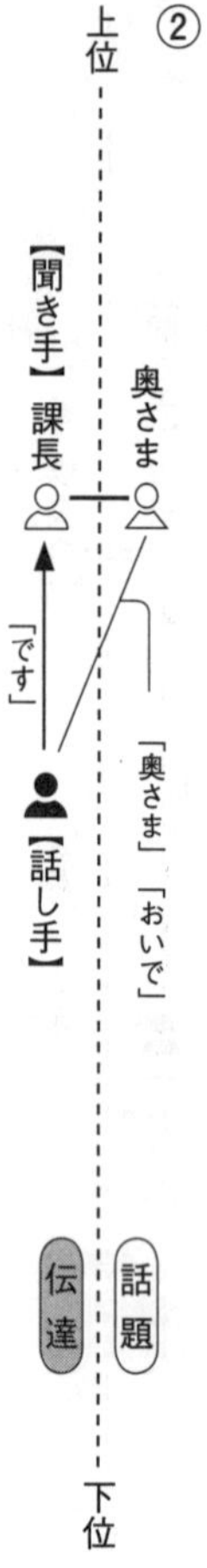

③

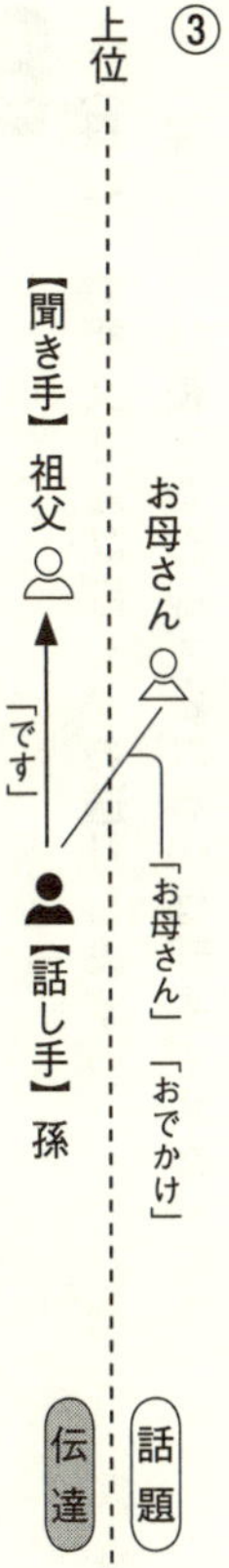

答えはこうなります。この三つは単純な尊敬語の用法例ですが、それぞれのちがいは、①が話題の人が聞き手より上位、②は話題の人が聞き手と同等、③は話題の人が聞き手より下位、という三種類だという点です。

この場合、そのちがいによって表現形式が変わるということはありません。しかし、この上下の位置関係をたしかにしておくことは、謙譲語も含んだすこし複雑な表現の場合はどうしても必要なことが出てきます。たとえば、

（係長が他社の課長に）そちらの伊藤専務にこの書類を渡してくれ

という依頼をするような場合です。

そこでつぎには謙譲語の現れる作図問題をやってみましょう。

前項の尊敬語の問題では、あえて「日本語教育」式に敬体でやってみました。しかし何度も言うように敬体というのは、どんな話題の場合もしっぽに「です・ます・ございます」の類をくっつければたちまち完成するわけですから、べつに問題はありませんね。

「です・ます・ございます」の類はしっぽにくっつくだけです。重要な変容はそれ以外のところで起こっています。だから、謙譲と尊敬の敬語さえつかめばあとは問題がないわけです。

今度は敬体、常体ということはとくに意識しないでやってみましょう。

問2

①（母に）お祖父さんはぼくがお送りします

②（課長に）社長をお出迎えされるのは部長ですか

③（校長先生が生徒に）担任の先生にはお知らせしてあるね

答

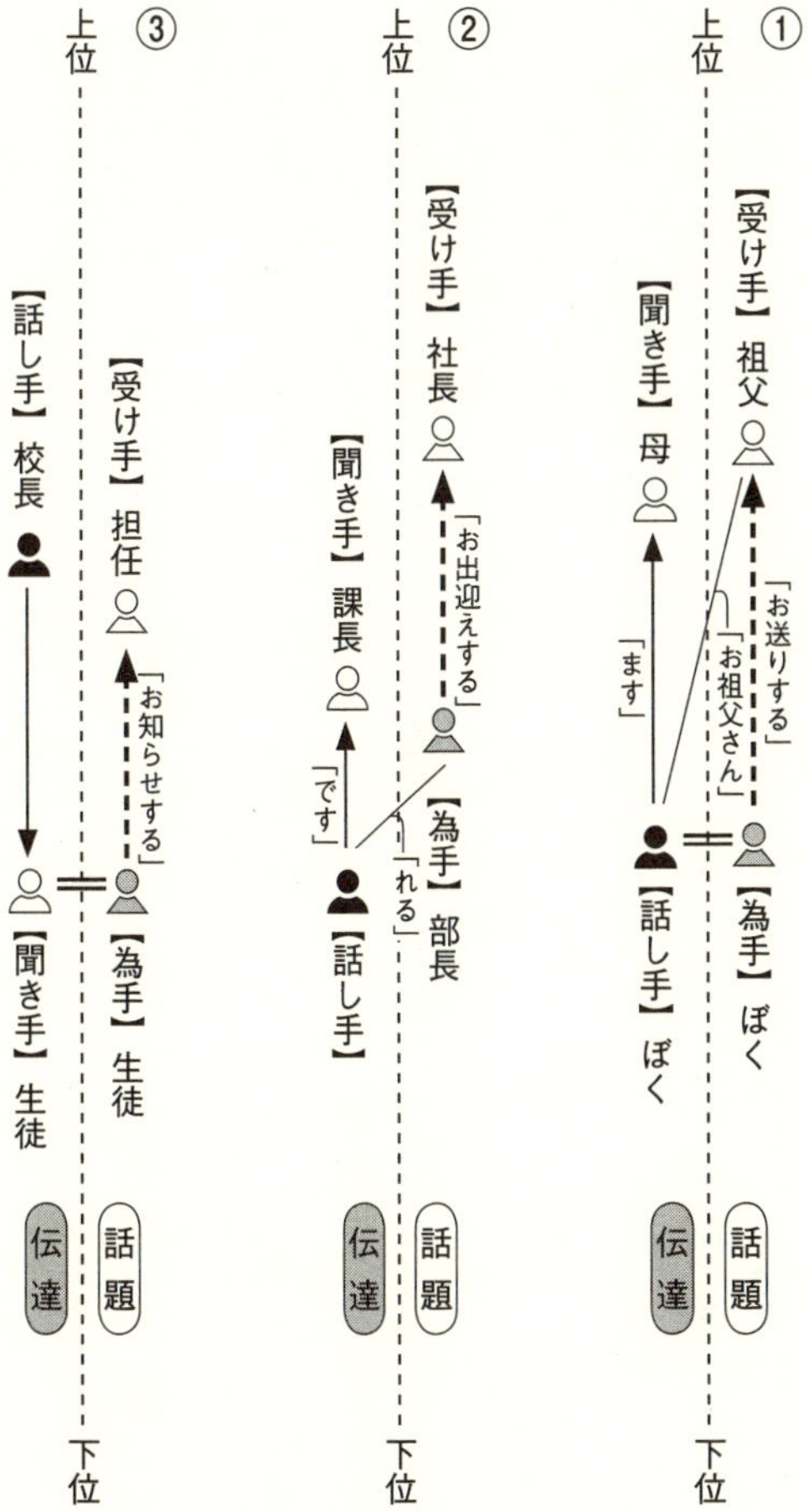
①
上位
下位
【受け手】祖父
【聞き手】母
「お送りする」
「お祖父さん」
「ます」
【為手】ぼく
【話し手】ぼく
話題
伝達
②
上位
下位
【受け手】社長
【聞き手】課長
「お出迎えする」
「です」
「れる」
【為手】部長
【話し手】
話題
伝達
③
上位
下位
【話し手】校長
【受け手】担任
「お知らせする」
【聞き手】生徒
【為手】生徒
話題
伝達

こんな形になります。

①と②では、丁寧語が現れました。話し相手が目上ですからこうなりますが、ここは謙譲語に目をつけてもらいますから、「話題」の領域に気をつけてください。

①では、祖父を送るという目上への動作を内容としていますから「お送りする」となる。「送る」動作の主体は話し手自身ですから横棒でつながれる。母には敬意を直接表現して「ます」が使われる。また「お祖父さん」は当然尊敬語で、斜めの線で現れる。

②は、話題の社長、部長ともその場にはいない人です。

その部長が、社長を「出迎える」という動作をする。これが「話題」で、下位者から上位者への働きかけを意味した行動ですから「お出迎えする」という表現になる。その行動をとる人が話し手から見て上位者だから尊敬の「れる」がついて「お出迎えされる」となる。

尊敬の助動詞「れる・られる」は使わないのが行儀のよい敬語の大原則です

が、もちろんそれは場合によります。この場合は誤解のおそれはないでしょう。聞き手は「課長」で、これは話し手の上位者なので「です」が現れる。これは部長より下位者ですが、この点この例では関係がなく、上位者でさえあればかならず現れる「です」です。もし後輩に同じことを聞いているのであれば、「社長をお出迎えされるのは部長かね」といった表現になり、「伝達」の矢印方向は逆になります。

③は、「話題」の登場者は「担任教師」と「生徒」です。上下がある。そこで「お知らせする」という謙譲語が使われています。「担任教師」は「校長」より下位者ですが、「お知らせする」となることにくれぐれもご注意ください。この例文では話し相手が目下ですから、敬体とはなりません。

みなさん、作図のデキはどうでしたか。

ちなみに、さきほどチラと示した例題、

（係長が他社の課長に）そちらの伊藤専務にこの書類を渡してくれ

の場合は、こんな具合になります。

表現としては、

伊藤専務にこの書類をお渡ししてくださいませんか

となるでしょうが、これを図示すれば、

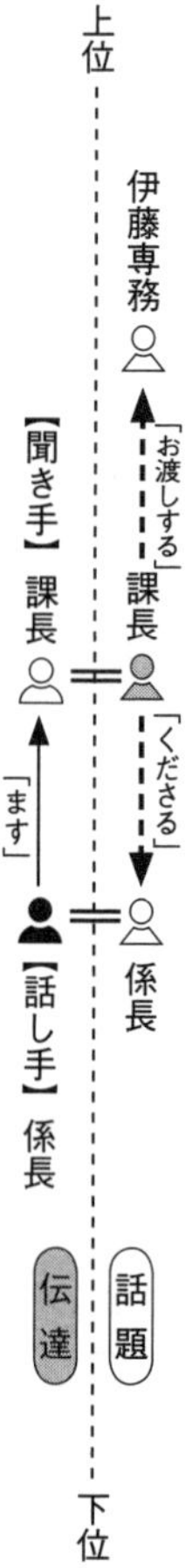

の形になります。

これは話題中の人物がふたりとも話し手より上位であり、しかもそのふたりのあいだに上下がある、という状況です。

話題の領域に係長が現れているのは、「くださる」という謙譲語が、係長と聞き手課長との間の上下によって生ずるものだからです。言葉には現れていませんがじつは、この書類を渡すという行動を、「私（係長）のためにしてくださる」という関係があり、「私」は表現の陰にかくれているだけで、実際は存在するわけです。

なお、ほかの本では「くださる」を尊敬語に分類するものが多いのですが、私のまちがいでも誤植でもありませんよ。ご安心を。

さて似たようなことを依頼しても、書類を渡す相手が専務ではなくほかの課長だった場合は、表現は、

B課長にこの書類を渡してくださいませんか
B課長にこの書類をお渡しいただけませんか

といった表現になります。

書類を渡す人と受け取る人とのあいだに上下がないのでこうなるのですが、それはつぎのような図が得られればすぐ判断がつくのです。

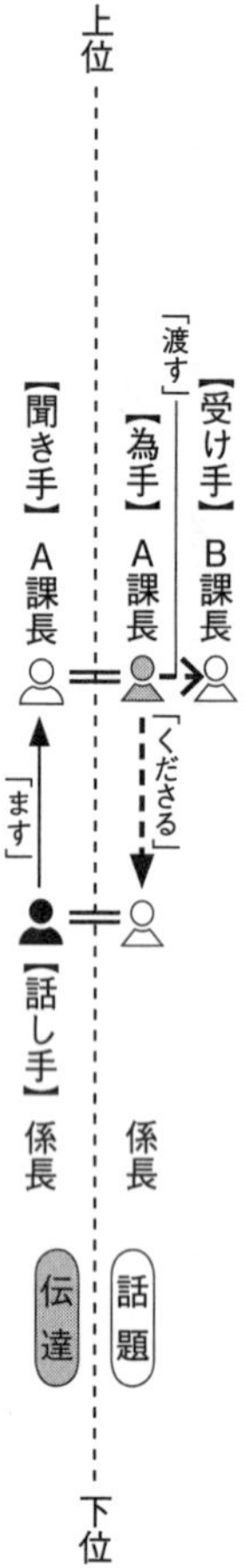

AとBのあいだには上下がないので、この間の授受の動作は謙譲語では表現しません。たんなる「渡す」です。同じ目上の人に似たことを頼んでも、表現は変わる。それは話題の登場人物の位置関係によって生じた変化です。

ところでさきほどの例、「伊藤専務にこの書類をお渡ししてくださいませんか」ですが、この「お渡しする」という謙譲語は、課長と伊藤専務とのあいだにある上下関係を生かしたものです。課長を専務の下位に位置づける結果になっていますね。

聞き手であり、また動作者である課長を、専務との比較ながらわざわざ下位に位置づけることもないようにも思うかもしれません。実際には、

伊藤専務にこの書類をお渡しくださいませんか

と発言することが多いかもしれませんし、たいていこれで支障がないとは思います。

しかし、この「専務」が、「課長の恩師」だとか「大臣」だとか、あるいは「宮殿下」だったりしたら、「お渡しください」は変ですよね。やはり「お渡ししてください」となります。課長に失礼というものではありません。課長には、「してくださる」という形で立派に敬意を表現しているのです。

つぎからは、丁寧・尊敬・謙譲の入り交じった問題がつぎつぎと出てきます。その際には、とにかく上下にまっすぐ線を引いて左右に「伝達」「話題」とおき、人物をその適当な位置にポンポンとはめこめば、正解はおのずから浮きあがってくる、というしかけになっています。

相撲のぶつかり稽古みたいなものです。どうぞご油断なく。

ハギノ式敬語スタジアム Ⅰ ウォームアップ編

問1 弟に、「弟(二郎)の写っているこの写真は先生が撮ったものか」と言う。

例解 おまえの写っているこの写真は先生が撮ってくださったものか

図はつくらなくても正解は出てきたでしょうが、構造をたしかめる意味もあって作図すればこうなります。

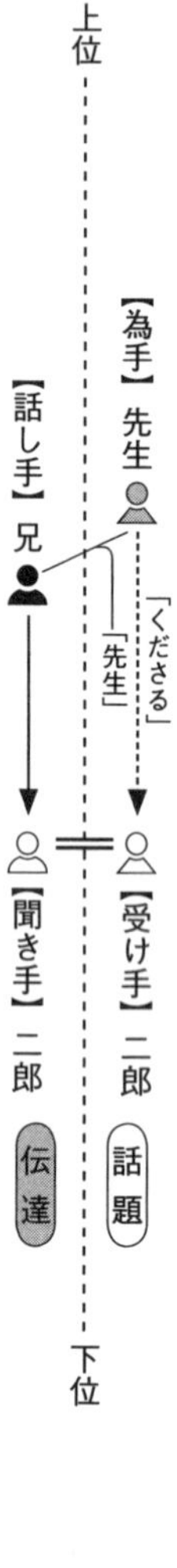

「写真を撮る」という行為は先生から二郎に向けておこなわれたものですから、「話題」はこうなる。「伝達」は目下に向けてなされているので敬語抜きとなる、ということが示されています。はじめに話題中の人物の上下を見定めてしまえば、自然に答えは出てくると思います。

問2 **新米店員が先輩に客のことを話題として、「あの人がさっきブラウスを買った客だ」と言う。**

例解 あのかたが、さきほどブラウスをお買いあげくださったお客さまです
あのかたが、さきほどブラウスをお買いあげになったお客さまです
あのかたが、さきほどブラウスをお求めになったお客さまです

デパートの店員でも、身内でひそひそ客の話をするときは、いちいち敬語を

使うとは思えませんが、ほかの客の耳にも入る、という場面ならこんな形になります。

ところで「身内でひそひそ」と言いましたが、一般に、他人には聞こえない場所で身内同士の会話をするときは、敬語は大きく簡略化されるものです。そんな場面ではこうした敬語入門書などの教えるものとは隔たるものですが、それはそれでいい。はやい話が、社長のことでもわれわれは、ジイサンだのオヤジだのと言うことがありますからね。私たちが気にしておぼえようとしているのは全部、「だれに聞かれても恥ずかしくない」敬語にほかなりません。

問3 「あの客がいま、連れを探している」と言う。

例解 あのお客さまがいま、お連れのかたを探していらっしゃいます

この同じことを後日、会議かなにかで自分の発言を紹介するといった段になれば、

私はそこで主任に、「そのお客さまはいまお連れのかたを探していらっしゃる」と申しました

となります。重要な変化は、主任への丁寧語が消えたということです。引用のときに丁寧語が消えるのは当然です。丁寧語は直接の話し相手専用の敬語です。「申しました」の「まし」は会議参加者への敬語です。

世間にはよく、「あなたはおぼえていらっしゃいますか、とたずねられましたので、ええおぼえていますよ、と答えました」という話しかたをする人がありります。私は「カギカッコつき談話法」と名づけていますが、これはちょっと幼稚な恥ずかしい言いかたです。ご覧のように、自分への他人からの敬語をひとまえで口にすることになるからです。

「おぼえているかとのことでしたので、おぼえていると答えました」とするも

のです。

問4　同級の友人に、「先生は今度の同級会に出るか」と言う。

例解　先生は今度の同級会にご出席だろうか
先生は今度の同級会においでだろうか
先生は今度の同級会においでになるだろうか

親しい友人同士なら、ぞんざいな言葉づかいもするでしょうが、少なくとも人の耳に入るような場ではこのくらいの敬語は使います。
ところでこの「先生」という敬称ですが、これは自分の人生のある一時期でもなにかものを教えてくれたという人なら、生涯を通じて「先生」と呼ぶのですよ。幼稚園から大学までの先生、塾の先生、ピアノの先生、お花の先生ほかです。あなたのほうがはるかにエラくなった場合でも同じです。

私は以前、二十歳前後の人が三十人ばかり集まった所で、質問をしてみたことがあります。「中学の恩師（山田一郎）に宛てて手紙を書く。宛名の敬称を選べ」として、選択肢を「殿　様　先生　師　師匠　恩師　尊師　貴殿」と並べてみたわけです。

ひとをバカにした問題でもないのです。「殿」「様」が合わせて半分ほどありました。「山田一郎先生」とやるものです。

問5 **菓子店の店先にゼリーが山と積まれ、貼り札が出ていた。そこに「お求めやすくなりました」とあって、そのつぎに「お好きなものお一つからお買いあげいただけます」とあった。不適当な部分があったら直すこと。**

例解 ちかごろ「お求めやすいお値段」「お使いやすい工夫」「お求めにくい場

合」などというヘンな日本語がはびこっていて困ったものです。「おしにくい返事」「おみにくい字」でもないでしょう。

「買いやすい」の意味なら「お求めになりやすい」です。もしかしてこの人たちは、「お求めになりやすい」では過剰敬語だとでも思っているのではないでしょうか。「求めやすい」では敬語がないから中間をとって「お求めやすい」でいこう——なんて。こんないじけた態度では敬語は扱いきれないものです。

つぎの問題は「お一つからお買いあげいただけます」です。「お一つから」というのは、十個二十個とまとめてでなくては売らないということはありませんよ、たった一個でも売りますよ、という意味なのでしょう。

箱詰めでもない菓子ならあたりまえだろうとも言えますが、実際は箱詰めで売る場合が多いので、ひとつでもいいのだと言うための苦心の表現です。

しかし「お買い上げいただけます」というのは不思議な語法で、よく見ますがよくないと言うべきです。字義どおり翻訳するとこうなります。

「(私ども菓子屋は、たった一個からでも) みなさまに買いあげてもらうことができます」

買いあげてもらうことができる――。そりゃできるでしょうが、それは店自身の可能不可能の話であって、店の内部で語りあうべき事柄です。たとえば、「店長、包装はこのように工夫すれば、ひとつでも多くお買いあげいただけると思いますがどうでしょうか」「フム、それはいいだろう」といった具合です。客に言うべき言葉ではありません。

店側としては、ほんとうは、「お客さんがたは、一個からでも買うことができますよ」と言いたいのでしょう。しかしそう言っては、店が客に「許可」を与えているようで恩着せがましい。客に失礼がないようにというので「お買いあげいただけます」と工夫してみたのでしょうが、するとこんどは意味が変わってしまうわけです。さあどうしましょう。

私の改正案。

> お安くなりました。この商品はばら売りです。お好きな物をぜひどうぞ

うるさいことを言えば、安く「なった」のではなく「した」のでしょうが、これはまあ商習慣なのでしょう。

問6 **先生に、「それは先生の言ったことか」とたずねる。**

例解 それは先生のおっしゃったことですか

これは問題としてはやさしいでしょう。敬語図ではこうなります。

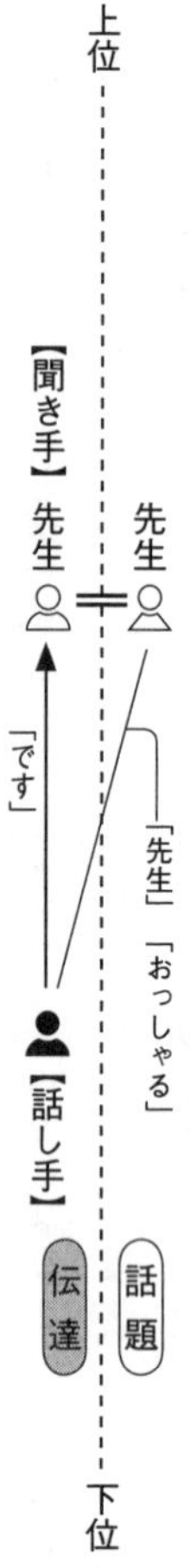

問7 **友人に、「それは先生の言ったことか」とたずねる。**

例解 それは先生のおっしゃったことか

これも簡単でした。みなさんもすぐ作図できるでしょうが、一応示します。

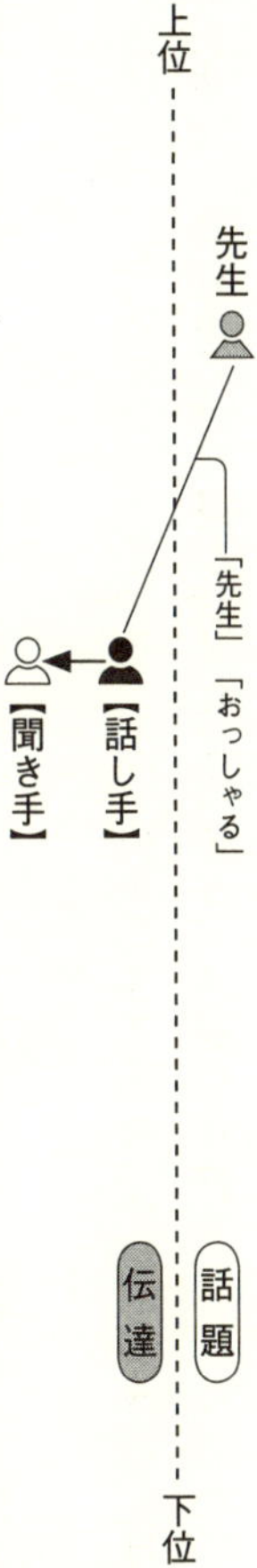

問8 **課長を訪ねた客に、「課長はいま休憩中だ。すこし待ってくれ」と言う。**

（例解）課長の田中はただいま、ちょっと手が放せないことがあるそうで、すぐ手がすくと思います。少々お待ちくださいませんか

うそでもなんでもかまわないので、休憩中とは言わないほうがいい。「急ぎの電話」でも「役所の検査の立ち会い」でも、とにかく手が放せない理由を言うべきです。

ところで、社内では目上の課長でも、**外来の客に向かって話すときは「課長の田中は」というふうに呼び捨てにするのが日本語の敬語法**です。家族の場合も同じで、よその人と話すときは身内に敬語はつけません。

この点はたとえば韓国語の敬語法とはちがっていて、韓国語では、他人と話すときも「おじいさまはおいでです」といった方式だそうです。

日本語のこのやりかたは、「課長の田中は外出中です」の場合、図で示すとつぎのようになります。

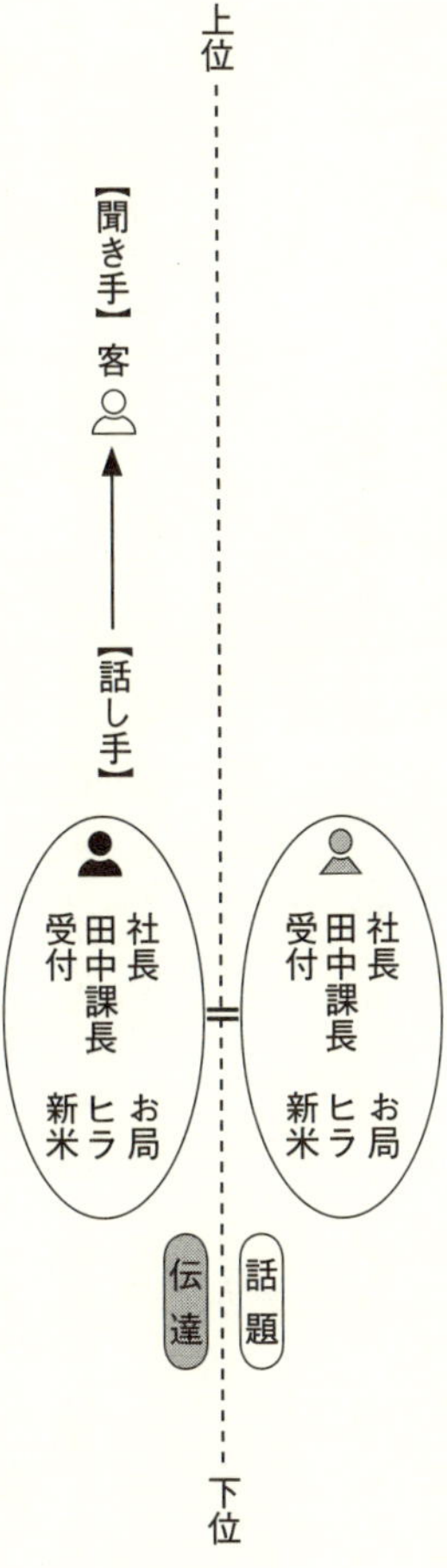

この大きな円内でのやりとりでは、通常の敬語が使われるわけです。

問9 社にかかって来た電話を取りあげたら、直属の部下の親からだった。仕事中申し訳ないが息子がいたら出してくれないかと言う。ところがその場にはいない。どう答えるか。

(例解)あ、お母さんでいらっしゃいますか。私、同じ課の山口です。……いえ、こちらこそ。いま川口君は席を外しています。お宅に電話するように伝えておきましょうか

こんな答えかたになるのではないでしょうか。「……」の部分は川口君のお母さんが、「課長さんでいらっしゃいますか。いつもどうもお世話になります」とかなんとか言っている部分です。

「席を外しています」という部分には、川口君への敬語がありません。部下だから当然というわけですが、ただ相手は親なのでその気持ちを考えれば、自慢の息子を尊重した言いかたをしたほうがよかったか、という気持ちにもなります。しかし相手は当方が上司であることがわかっているのですから、こうした表現でいいでしょう。

ただ、この親と面談するような場面ならば、「川口君もなかなかよくやっておいでですよ」くらいの敬語は使うのが本当です。いわば私的な場面で年長者

の家族である人を話題としているのですから、それが当然でしょう。

電話をかけて来た人がお母さんでなくて妻だった場合でも、右と同様に考えます。部下の妻はけっして部下ではありませんからね。まったく対等のおとな同士であることを忘れてはいけません。「お宅」「奥さん」といった尊敬語を用いるのは当然です。

問10 寿司屋で好みのものを注文するとき、たとえばトロが食べたいならどう言うか。

例解 トロ

もちろん「トロひとつ」でも、「トロ握って」でも、「トロちょうだい」でもべつにかまわないでしょうが、ただ「トロ」と言うだけでいいでしょう。なにも威張った態度をとれと言うのではありませんよ。客らしく鷹揚《おうよう》に寿司を楽しめばいいのです。

ところが客の中にはいちいちばか丁寧に、「すみません、トロいただけますか」などと言う人がいて、耳障りでしようがないと言っている人がいました。同感です。客が憐れみを乞うがごとき卑屈な態度を示すのは見よいものではありません。

ついでながら、寿司屋の客が店員に、「アガリください」だの「おあいそ」だのと言うのもみっともないものです。あれは業者側の用語であって、一般人のものではありません。「お茶ください」「勘定を」と言えばいいのです。

問11 **社長に、「弟に会ってくれ」と頼む。**

例解 弟に会ってやってくださいませんか

あれこれ考えず、こんなふうに単純率直に言ったほうが感じがいいはずです。

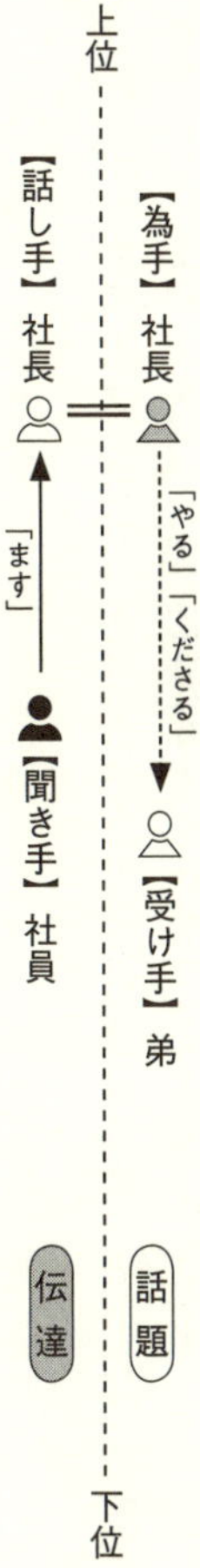

問12 **野球の試合で、セカンドがみっともないエラーをして逆転された。内野手がマウンドに集まる。セカンドはピッチャーに申し訳ない。さてセカンドはピッチャーになんと言うか。**

例解 「ワリイ」「ワリワリ」「スマン」（投手が同輩後輩のとき）
「スミマセン」（投手が先輩のとき）

できるだけ短く言うこと。くどくどと謝るのがいちばんいけない。そんなことよりちゃんと守れ、と思われてしまう。明るい顔で、しかしけっして笑わず「ワリイ」。これがいい。

ところで、これもやっぱり敬語「的」問題です。

問13 先生に、「貸した本は読みおえたか」とたずねる。

例解 お貸しした本はお読みになりましたか

問題が「読みおえたか」なので「読みおえられましたか」とした人が多かったかもしれませんが、「お読みになりましたか」でじゅうぶんです。「読む」というのは、最初の五、六ページを読むという意味ではありませんからね。半分しか読んでないなら、「いやあ、まだ半分ほどでね」と先生はかならず言ってくれます。なにもしまいまで読みきったかどうか確認することはない。ちょっと失礼な感じさえします。

だからといって「読まれましたか」は例の「れる・られる」で、これを誤解が生じないように恰好よく使うのはけっこう高等技術ですから、原則として使わないほうが無事です。

一般に、「読みおえる」といった形の複合動詞の場合は、「れる・られる」はとくに似合いません。「書きつづけられました」「取りあげられました」「調べぬかれました」――。さっぱり敬語に聞えない。「書くことをずっとお続けになった」「お取りあげになった」「ぞんぶんにお調べになった」など、表現を工夫したほうがいいでしょう。

ところで、ある本に、「複合動詞の場合は後ろを変えるように」と注意してあるのを見ました。「書かれおえる」はよくないというのです。

あたりまえじゃないか、と思いましたが、たしかに世間には「握られつづけていた」だの「研究され通しました」だのと言う人はあるようです。

みっともないからやめてください。

その本は、「書かれおえる」でなく「書きおえられる」とせよ、としていましたが、これもミットモヨイものではありません。

問14 「あなたの頼んだ商品はこれか」とたずねる。

例解 ご注文（ご予約）の品はこれでしょうか

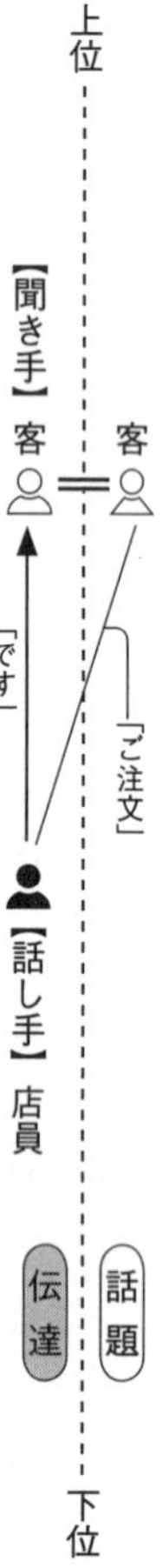

相手の動作には「頼む」「依頼する」「願う」の類は使わないのがコツです。

問15 課長に、「食事はすんだか」とたずねる。

例解
お食事はおすみですか
お食事はおすませですか
お食事はおすませになりましたか

簡単そうなこの問題を出してみたのは、ある本に「お食事はおすみになりましたか」を正解としているものを見て気になったからです。

かなり広まってはいるし、習慣的に成立しているとすべきかもしれませんが、そもそも「食事がすむ」というのはあることが実現することを言っていて、相手の動作ではありませんから、「お――になる」という尊敬の敬語にはなじまないはずなのです。

たとえば、お元気がお戻りになる、お熱がお下がりになる、ご着想がお浮かびになる、お腫《は》れがお引きになる、など。

問16 係長に、「課長はいま自分のロッカーの中を調べている」と言う。

例解 課長はいま、ご自分のロッカーを調べていらっしゃいます

まさか「ロッカーの中を調べられています」とはやらなかったでしょうね。これじゃ容疑者です。「れる・られる」をもっとも警戒しなくてはならないケースです。

その「ケース」とは、調べる、撫《な》でる、逃げる、捨てる、埋める、忘れる、など下一段活用といわれる形式をもつ動詞です。これは「られる」で敬語にしようとすると、調べられる、撫でられる、逃げられる、捨てられる、埋められるといった具合になり、まず敬語には聞こえません。

下一段の場合はとくにそうですが、ほかの動詞でも、要するに敬語の「れる・られる」は使わない、という原則を立ててしまえばいいのです。言っておきますが、けっして困りませんよ。ほかにいくらでも敬語法はあるのですから。

問17 **聴衆に司会者が、「先生はすでにその説は捨てている」と紹介する。**

例解 先生はすでにその説は捨てていらっしゃいます

くれぐれも「捨てられています」とはやらないこと。

「部長の奥さんは元女優できれいな人だが、どうも捨てられたらしいね」

なにを言っているのかわからないでしょう？

問18 **聴衆に司会者が、「先生はいつもその点を強調している」と紹介する。**

例解 先生はつねづねその点を強調していらっしゃいます

「強調されています」とはしないこと（「れる」の禁）。

「強調なさっています」ともやらないこと（結びの敬語省略の禁）。

「いつも」は悪い言葉ではありませんが、儀礼的な場や正式の書翰、ビジネス文書などでは避ける場合が多いようです。「平素」とか「つねづね」のほうがいいでしょう。

問19 車内放送で乗客に、「車内では携帯電話の電源は切ってくれ」と言う。

例解 携帯電話はほかのお客さまに迷惑となることがありますから、電源をお切りください

携帯の電源を切るようにという車内アナウンスは、私はいつも、くどくどと長ったらしいと思っています。使う人からすれば、「もうわかったよ」と言いたくなる。右の例解もまだくどいかもしれません。

携帯電話は電源をお切りください

とこれだけでいいと思います。

喫煙コーナー以外でのおたばこはおやめください

といった調子でいいことです。

変に丁寧にやるものだから、「ご協力いただきますようお願い申しあげます」

などとまちがうことになります。

問20 目上の客に、「食べてくれ」と言う。

例解 どうぞ召しあがってください

どうぞお召しあがりください

「食べられてください」とはやらなかったと思いますが。

「召しあがる」はこれ自体がじゅうぶんな敬語ですから、「お召しあがりになる」と言えばすこしくどくなります。まして「お召しあがりになられる」などは禁句としてください。

「できたできた。さあ召しあがれ」と言うことがあります。これは私の図の「話題」の人物への敬語にはちがいありませんが、「伝達」側の「聞き手」への敬語（丁寧語）が使われていないので、敬語表現として完全なものではありません。

この種のものは、親しい近所の奥さんへの「おめかしね。お出かけ？」だとか、気の置けない友人への「ようよう、われらがヒーローのお出ましだ」だとか、将棋の相手への「おいでなすったか」だとか、また子どもへの「さあ、お食べ」だとかいった表現法で、親愛の表現と言えます。もちろん、フォーマルな場で目上の人に使っては失礼ということになります。

問21 友人に、「先生はわれわれにこの本を読ませようとしている」と言う。

例解 先生はわれわれにこの本を読ませようとしておいでだ

簡単な問題でした。まさかみなさん、「読まさせよう」とはしなかったでしょうね。「さ」は無用です。こうした言いかたをする人があって、これがよく指摘される**「さ入れ」言葉**です。

テレビの人気番組「SMAP×SMAP」の〈ビストロスマップ〉というコーナーで、中居正広クンは決まって「当レストランにはメニューはございません。お客さまのご注文でなんでもつくらさせていただきます」と言うそうです。困ったことです。

「ら抜き」は不精をして抜くのですが、わざわざよけいなものを入れるおせっかいもまたあるのですね。「逃げさせる」「食べさせる」の場合「させる」が現れるので、それに引っぱられたわけです。

しかし、この使役の助動詞といわれるものは、「せる」と「させる」のふたつがあって使い分けます。

せる——歩かせる　選ばせる　飲ませる　参加させる

させる——見させる　着させる　続けさせる　捨てさせる　来《こ》させる

よけいなお世話でしたか。

問22　部長に、「新築の家はできたか」とたずねる。

例解　ご新築中のお宅（おうち）はできあがりましたか

案外なほど難問です。つい「完成なさいましたか」とか「おできになりましたか」とか言いたくなる。

でも考えてみると変ですね。「完成する」「できる」は部長の動作・行動ではありません。敬語動詞は使えないわけです。そこでなんとかとらえかたを変えて、右のようにします。

場合はちがいますが、「お宅の犬の子はお生まれになりましたか」などとやってはいないでしょうね。

問23 課長に、「コーヒーを飲みたいか」とたずねる。

例解 コーヒーなどいかがですか
コーヒーなどお飲みになりますか

ことがらは簡単ですが、これも案外な難問です。

「飲みたいか」と相手の願望をたずねるのですが、これは直接質問するのはたいてい不適当です。「私に手伝ってほしいとお思いですか」などと言ってみればすぐわかる。そこで、勧める形にしたのが「いかがですか」。

「お飲みになりますか」でもいいでしょうが、ただ、飲食といういわば「動物的行動」を直接口にすることは原則として避けるのがほんとうです。「召しあがる」とか「あがる」とか、すこし古いところでは「めす」「をす」「まゐる」「きこしめす」など、表現が豊富なのはそのためです。でもまあ、コーヒーぐらいならいいとしましょうか。

「コーヒーを」と言わないで「コーヒーなど」と言ったのは、相手の選択にまかせる態度の表現です。コーヒーしかなくてもこう言いましょう。課長はけっして「抹茶がいい」とは言わないはずです。

ところで、この場合は「コーヒーとか」でもいいのです。「映画とか手芸とかが趣味だ」という形で並べるのでなく、ひとつだけなのに「とか」はよくないといわれますが、「コーヒーとかいかがですか」の「とか」は、表現をぼかすことによる遠慮を表す正当な表現です。

問24 先輩に、「ここは鷗外が住んでいたところだ」と言う。

例解 ここは鷗外が住んでいたところです

たとえあなたも先輩も鷗外を深く尊敬しているとしても、すでに歴史的人物となっている鷗外については、このように敬語抜きで言います。

敬語で「住んでおいでだったところです」と言うのは、直接の教え子か、せいぜい孫弟子くらいまででしょうか。だから場合によっては、ほかの人に敬語を使うことでかえって威張った形になることもあります。「おれはお前とちがって鷗外の直系の弟子であるぞ」と言っているように聞こえる危険があるわけです。

問25 高校生の娘が泣きべそをかいている。聞くと、バスの中で六十ほどの婦

人に「おばさん、どうぞ」と言って席を譲ろうとしたら、「なによそれ」とすごい目でにらみつけられたという。さて論評せよ。

例解 以前はそのぐらいの年齢の女性なら、当然「おばあちゃん」「おばあさん」と呼ばれました。じつに呼びやすい呼びかたで、気軽にどんなことでも話しかけるよいきっかけをつくってくれていました。三十代から五十代ぐらいまでは「おばさん」でよく話が通りました。

呼びやすいので、親切もしやすかった。「おばさん、ほらなにか落ちましたよ」「おばあちゃん、手を引いてあげましょうか」という具合です。

ところがこれがちかごろ、気楽ではありません。うらまれるかもしれないからです。

当然、若い人は声をかけなくなった。財布を落とした女性がいても、「おばさん」と声をかけて憎まれるよりは、黙って拾って自分のものにしたほうが楽です。「おばあちゃん、手を引いてあげましょうか」と言っても、「おばあちゃんじゃないわよ」としかられるのではつまらない。過ごしにくい世の中になったものです。

そういえばちかごろは、ただ「どうぞ」と言って席を譲ろうとしても、いやな顔をするおばあちゃんが増えましたね。譲るほうもたいへんです。

私が高校生ぐらいのころは、新聞記事に「どこそこで、いつそれ、老婆が轢《ひ》き逃げ事故で死亡した。この老婆上原はる代さん（六〇）は、」といった調子で書かれていました。これはさすがに私も勧めません。

しかし、よその女性を呼ぶ「おばあちゃん」「おばさん」は、ギスギスしがちな世の中の絶妙の潤滑油でした。私は復活できたらいいのだが、と思っています。みなさん、「おばさん」復活運動を展開しませんか。「おじいちゃん」「おじさん」もまったく同じです。

ただ、ここで注意してもらいたいのは、こうした呼びかたの復活は、まったく知らないよその人への呼びかけとしてですよ。特急列車で車掌が客に、病院の中で看護婦、いや看護師が患者に、店の中で店員が客に、といった場合は許されないと言っていいでしょう。これらはまったくのよその人ではありませんから。

第三章

敬語の「構え」

敬語抜きにはなめらかに会話を交わせない

敬語とはそもなんぞや。

学者の研究によればそれは――いや、それはこの際どうでもよろしい。とにかく私たちは、職場でも近所づきあいでも、敬語抜きにはなめらかに会話を交わすということができないのですから、なんとかこれを使わなくてはなりません。

それは中には、そんなものは不要だとか、封建時代の遺物だとか、民主主義に反するとか、まあいろいろむずかしいことを言う人はありますが、しかしそれでも職場の課長に向かって、まさか「あんたも食えよ」と言うわけにはいきません。

現実にそうならば、いちおうは適当な敬語の使いかたをおぼえておこうじゃないか、というのがこの本のねらい、ということになります。

そこでまた問題です。

といっても、これは学校のテストではありません。

展覧会の絵をながめるように、順に問題にあたってもらい、敬語の回廊……というよりは、「敬語の小径」の散歩をはじめてください。

奥さんの年齢をたずねたい……

問1 あなたの職場で、五十過ぎくらいの上司が、子どもが生まれたと言ってよろこんでいます。

あなたは、「おめでとうございます」と敬語で祝いを述べますが、とっさに、さて奥さんはいくつなんだろうと考えます。再婚したという話は聞いたことがないし、ふつうであれば四十五前後だろうか。しかしそれは……。聞いてみたい、という欲望が勃然としてきざしてきます。

あるいはまたあなたの職場に、四十ばかりの、颯爽として恰好のいい、やりての課長がいます。あるときちらとその奥さんを見たら、どうしても五十をずっと超えた人に見えた。さていくつなんだろう。聞いてみたい。すなわち、「あなたの妻は何歳か」問題です。

仕事中には聞くわけにいきませんが、ちょっとくつろいだ場ができた。家族の話も出た。いいチャンスです。かねての疑問を解決してすっきりしたい。

さて、どう言えばいいでしょうか。敬語に気をつけて答えなさい、というのが問題です。けっこう難問ですよ。

答 こういう質問はしないこと

これが答えです！

もしかして、いろいろ頭をしぼったのではありませんか。たとえば「あなた」は職場用語として適切でない、ここは役職名の「部長」「課長」と言うべきである。「妻」は「奥さん」、いや「奥さま」がよかろう。「何歳」は「お歳はいくつ」か「おいくつ」か。はたまた「ご年齢」か——。

いろいろ考えて結論としては、

部長の奥さまはおいくつでいらっしゃるのでございますか
とばかりに「最高級」の敬語をひねりだし、これで万全と思った人もあるかと思います。ところがだめです。

いや、言葉の形としては、馬鹿丁寧ではあるけれどもべつにまちがいではありません。正確といっていい。

しかし、そもそもこんなことをまともに問うというのが、社会生活上あまり常識的でないのです。

敬語というのは結局、人と仲よくし、いい関係をつくって維持していくために働くものなのですから、その役に立たないのでは敬語が敬語でなくなります。つまり、「口にしない」のが正解となります。

でももちろん、なんらかの形で「さぐる」ことはできますよ。たとえば赤ちゃんをよろこんでいる部長には、部長もますますお元気でなくちゃなりませんね。奥さまもまだお若いんでしょう？

といった具合です。しかしこの「さぐり」というやつは、口調や目つきですぐ知れてしまうものですから、かえってまずいことがある。やはり口にはしないようにするのがいちばんです。

その場に部長の学生時代からの友人でもいて、「いやあ、こいつの奥さんというのは若くてきれいでね。まだ三十、四五《しご》か？」といった話になるのを期待するのが穏当なところでしょう。「八だよ。高齢出産というやつだな」となれば、これできれいに解決ですね。みんなの顔も一気にほっとした表情に変わり、なごやかに話も弾むはずです。

ところでこの年齢をたずねるということ、よく女性には年齢を聞くなと言いますが、男だって聞かれたいものではありませんよ。五十でも四十でもそれぞれみな、「おれも歳をとったなあ」と思っているものです。十代までの若者ならよさそうなものですが、それでも「おれも十九か。もうすぐ二十か」なんて、なにやら人生を感じているものです。

歳を重ねるのは誇らしいことのはずなのに、なかなかそういうものでもない。その気持ちが多少は女性のほうが強いか、といったところでしょう。

　こんな狂歌があります。

　いつ見ても　さてお若いと　口々に　ほめそやさるる　年ぞくやしき

「お若いお若い」とほめそやされるほどの年寄りになってしまったなあ、と半分まじめにくやしがっています。作者はあの有名な、蜀山人《しょくさんじん》・大田南畝《おおたなんぽ》です。

　それはともかく敬語の話です。いくら「いらっしゃるのでございましょう」式の丁寧な敬語を使ってもだめなことがある。ほかにたとえば、

　課長のお給料はいかほどなのでございますか

などもまずい。敬語の語形式としてはこれでいいのですよ。しかしまずい。

課長は大学をお出《で》になりましたか
課長は大学をお出になっておいでででございますか

どうもよくありません。いくら敬語法上巧緻《こうち》を凝らして表現しても、人との関係がよくなるということはなかなかない。

敬語の問題には、こうした「敬語以前」の問題があることに注意したいものです。

ただ、さきほど奥さんの年齢のところで言ったように、かなり微妙な話題でも表現の方向・切り口を変えてなんとか始末することができることはあります。

そこでつぎの問題。

壁にぶちあたっている先生に……

問2　**「先生」の仕事がちかごろ進んでいない。怠けているのではないか、と**

たずねたいとき、「先生、最近怠けていませんか」でもないでしょう。どう言いますか。

答　おいそがしいので、お手が回りかねておられるのではありませんかとでもするわけです。「怠けないでしっかりやらないとね」という返事がくるかもしれません。

奥さんはアメリカ人ですか……？

問3　隣のご主人に、「奥さんはアメリカ人か」と聞きたい。どう言いますか。

答　アメリカ人」はすこし具合が悪い。「アメリカ人」「韓国人」「イラン人」「ギリシア人」の類は、場合により少々不都合な感じを与えることがあります。

「アメリカのかた」「韓国のかた」のほうが無難です。

アメリカのかたでいらっしゃいますか

といったところでしょうか。

職場で「もううんざり！」と言いたい……

問4 職場にいると、ときには課長に向かって「余分な仕事をおしつけないでくれ」と言いたくなることもありますね。しかしそんな言いかたをするわけにはいかない。どう言いますか。

答 申し訳ありませんが、その件は私には手に余るかとぞんじますので

とでも言って、もじもじすればいいかもしれません。

あとは私は知りませんよ。ただその場は切り抜けられるのではないでしょうか。

課長の居留守の返事は……

問5 課長に来客があった。受付のあなたは客に聞こえないように問いあわせてみると、会いたくないと言う。そんなときはどうしましょう。

答 職場によってなんらかのマニュアルがあるのではないかと思いますが、たとえば、

申し訳ありません。課長はただいま社長に呼ばれておしかりを受けているようなのです。長引きそうなものですから――

とかなんとか言えばいいでしょうか。

もちろんいつもおしかりを受けてばかりいるわけにもいきませんから、それぞれ工夫されていると思います。たとえば「いま緊急の打ち合わせ中で、どうやら長引きそうだということです」とでも言ってから反応を見る、などでしょうか。

「父はいま入浴中」でOK……?

問6 父親が風呂とかトイレとかに入っているときに、父の上司、父の恩師といった目上の人から電話がかかってきた。あなたはどう応対しますか。

答 風呂もトイレもべつに悪事を働いているわけではありませんから、その旨言うかもしれません。「風呂」よりは「入浴中」がよかろう、あとで電話をくれではなく、「あとでお電話を差しあげるように伝えておきます」ぐらいだろうか、というわけできれいに対応するかもしれません。

しかしそれはいけません。

相手はもしかして、お父さんへのきびしい注文をつけようとしているのかもしれないし、また、嬉しい知らせを取るものも取りあえず知らせようとしているのかもしれない。

そんなとき風呂だトイレだというのは、けっしてこちらの責任ではないのですが、いかにものんびりとあしらっているようで、一瞬がっかりさせたりムッとさせたりしがちなものです。

ここは嘘をついて、いま葉書を出しに出たとか煙草を買いに行ったようだとか言って、すぐもどる旨答えておくものです。

夫婦同伴で聞きたいこと……

問7 **先生は今度、ロンドンでの学会に招待されて講演するのだという。奥さんも連れて行くのだという。そこで私たちはやきもちを焼いて、奥さんの旅費**

は向こう持ちなんだろうかなどと勘ぐる。聞いてみたい。そういうときはどう言いますか。

(答) そもそも少々気後れのする話ですから、我慢してそんなこと言わないほうがいいのです。でも好奇心を満足させる方法がないわけではありません。

ご夫妻のご招待ということだったのですね

といった聞きかたはいかがですか。「うん、そうなのだよ」ということなら向こう持ちです。「いや私だけだよ。ついでに家内にはロンドン見物でもさせてやりたくてね」ならば個人持ちです。

いや、はなはだセコいことを言ってしまいました（この「せこい」という言葉、私はよくわからないのですが、いやしいことの意味で鎌倉以来使われている「せこ」から来たのかもしれません）。

なにかずるいことをいろいろ言ってしまったようですが、かならずしもずるいわけではありません。

どうせこの世はわが思うままにはならぬ世界ですし、その中でなんとか人に受け容れられるようにしながら、それでも自分のささやかなプライドだけは維持しなくてはならない。そのためには時にすかしたりかついだり、たらしたりかわしたり、あるいは搦《から》め手《て》をうかがったり、していかなくてはならぬのは当然のことです。

自分のおかれた事態の的確な把握、事態・状況に応じた正確な敬語使用ということは、大げさに言えばわれわれの「生活能力」というものではないでしょうか。

敬語が満点でもダメな場合、まちがいでもいい場合

「奥さまはずいぶんお年を召していらっしゃるようにお見うけしますが、おい

くつなのでございますか」

これは、敬語用法の語学的評価からいえば満点です。しかし話題の取りあげかたからして相手にいい感じは与えないという点で零点、いやマイナス点です。

一方、とくに悪い感じを与えるというのではないけれども、はなはだ滑稽であるという種類のものがあります。まちがいだったり不適当であったりするからですが、かえって可憐な感じを与えることもあるので、敬語とはおもしろいものです。もちろん、いくらかわいいからといって、しょっちゅうやったらそれはただの無知です。どうかした拍子についやっちゃった、という程度ならばかわいいわけです。

タレントのタモリさんは、じつに多彩な才能に恵まれたエンタテイナーで、とてもかわいいなどという種類の存在ではありませんが、べつに冗談でもなく自分の姉のことを姉さんとかお姉さんとか言いますね。

身内のことはひとまえでは「父・母・兄・姉」と言うものです。これは組織でも同じで、外部の人に対しては、たとい自分の上司でも「課長の阿部は」という具合に呼びすてにするのが常識です。兄・姉は当然です。

ところがタモリさんは「お姉さん」と言ったりする。じつに頭がよく、世間のどんな大物でも平気でしゃれのめしているように見えるタモリさんでも、自分の姉にはずいぶん甘えているんだなあ、という印象を与えて、ちょっと「かわいい人だな」という感じを持ちました。

タモリさんだからいいのですが、それにしても、子どもっぽく見えてだいぶ損をしているのではないでしょうか。もちろん私などがやったらバカにされるだけです。こうしたミスには「資格」が必要なもので、あのくらいの人になればまあ許されるのです。

そういえば川端康成は、ほかの人の本の推薦文に、「万人必読すべきではあるまいか」という表現をしたことがあります。これは少々不注意な言いかたで、「万人必読の書」とか「かならず読むべき一書」とか言うのが本当でしょうが、川端康成だからみな平気でした。

うっかりオウムがえししたときの恥ずかしさ！

テレビで一般人へのインタビューなどをしばしば見ることがありますが、アナウンサーが「もうお昼ごはんは召しあがりましたか」と聞くと、「はい、召しあがりました」と答えることがあります。

聞いていてじつに滑稽ですね。もっともこれはまちがいだと言って責めるようなことではありません。相手の言葉がついうつってしまったという例で、われわれもやりがちなものです。緊張するとこうなるのでしょう。

電話をかけるとそこの家の子どもが出て、「お母さんはいらっしゃる？」と言うと、「はい、いらっしゃいます」という答えが返ってくることがありますね。小学校低学年ぐらいの子供ならかわいらしい感じがします。しかし中学高校ぐらいの子にこれをやられると、あとで本人が恥ずかしがるだろうと思われて気の毒になります。

本当は「はい。少々お待ちください」でいいのですが。

ところでこの、電話に子どもを出すというのは、きちんと大人として取りつぎの対応ができる子でないかぎり、原則としてやめたほうがいいものです。相手はいきなり子ども相手の言葉づかいが強いられる。予想していないときには戸惑ってしまうし、だいいち予想なんかしていません。

電話といえば、私がよく失敗するのはこんなことです。なにか受領した連絡の電話がくる。私はその処理を頼む旨答えて「どうぞよろしく」とそえる。すると相手の人がつい「お願いします」と言ってしまうのです。

私の「どうぞよろしく」は、ふつうの依頼のあいさつで、べつに欠陥はありません。

ただ、その後に予想される語句が「お願いします」なので、相手の人はつい承《う》けてしまうわけです。「おはよう」と言ったのに対して「ございます」と承けるようなものです。

これは向こうの失敗なのですが、その失敗を誘引するような言いかたをしたのは私です。

相手には恥ずかしい思いをさせてしまう。つまりは私の失敗です。

きちんと「どうぞよろしくお願いします」と私が言えばよかったのです。

以前NHKの「紅白歌合戦」では、よく遠洋漁業の漁師と留守家族との連絡をアナウンサーが取りもつといった場面がありましたが、そのとき決まってアナウンサーは留守の母親にマイクを向け、南の海の息子さんに声をかけてやるようにと言っていました。つきつけられたマイクに母親は目を白黒させ、「カズオー、元気ですかあ。こちらもみな元気ですよー」と呼びかけるわけですが、あの困ったような顔は忘れられません。

あれはきわめてむずかしい場面設定です。

アナウンサーがいる。目の前にはカメラが構えている。マイクがある。聞くのは全国視聴者である。しかし対話の相手はわが息子である。息子に呼びかけようとしてもあれこれ気が散って、ふだんとまったくちがった言葉になる。そして「元気ですよ」と敬語が現れる、といった次第です。

ふだんは方言で、漁師の親子らしい会話を交わしているのがわかりますから、われわれ視聴者はいたたまらない感じがする。あれを最近やらないのはすこしホッとしますね。母親に恥ずかしい思いをさせたという意味で、あれはやはり放送局の設定上の失敗なのではないでしょうか。

いちばんよく使う尊敬語「お」「ご」

敬語でいちばんよく話題になるものに「お・ご」があります。「お幼稚園」だの「お運動会」「おじゃがいも」などがさんざんからかわれ、あまりつけるのはみっともないぞ、といった形で語られたものです。いまも言われます。

たしかに「おじゃがいも」などはやめたほうがいいのですが、あまり薬が効きすぎて、「おふくろ」(母)をフクロと言ったという話もあるくらいです。

もっとも、おふくろをフクロと言ったのは、鬼をニとするのとは意味がちがいますよ。子宮をフクロと言ったことから出ていて、語源がたどれるのです。ただ室町戦国のころから「おふくろ」は定着していますから、もちろんフクロはいけません。滑稽です。そういえば「おけ（桶）」なども「を（苧）」を入れる「け（笥）」から来たものです。ま、それはともかくフクロはいけない。

「ヒデとロザンナ」という夫婦コンビの人気歌手がありましたが、ロザンナ夫人はたしかイタリア出身の人です。男性のほうは早くに亡くなりました。

このロザンナ夫人がＰＴＡかなにかの連絡網で、「おやぶん、すみません」と言ったという話があります。「夜分」に「お」をつけたわけです。

外国人の日本語失敗談にはケッサクがあって、「腹が立った」を「おなかがたちました」と言ったという話がある。日本人も負けてはおらず、「おれの顔を立ててくれ」を「プリーズ・スタンド・マイフェース」としたという話もありますから、まあおたがいさまです。長嶋茂雄氏はむかし英語の時間に、「アイ・ゴー・トゥ・トウキョウ」を過去形にせよと言われて「アイ・ゴー・

トゥ・エド」と答えた、――いやこれはちがう話でした。

それはともかく、ロザンナさんの「お夜分」には同情の余地はあります。「お早い」とか「お時間」とか「お天気」とか「お暑い」とか言いますから。


「お」についてはむかしの人も気にすることが多かったと見えて、江戸後期の洋風画家、司馬江漢《しばこうかん》の著『春波楼筆記《しゅんぱろうひっき》』という本にこんな話が出ています。

ある人が佐賀の島の人を召使としたのだが、その召使、主人に答える際にもなかなか「お」をつけない。主人は教えて、尊敬のときには「御《お》」をつけるものだと言う。

元日、その家の嫡子のはじめての射御《しゃぎょ》のとき、射た矢が的を外れて飛び、どこへ行ってしまったかわからなくなる。そこで召使は、「おやを失ってしまいました」と申しあげた。聞いて主人は機嫌をそこねた、というのです。なるほど大事な子の祝いの場で「おやを失った」はまずい。

簡単な敬語ですが、相当のしたたか者というべきです。

みなさん、どんな言葉に「お」をつけますか？

つぎのは正誤の問題というのではなくて、あなたは実際にどうであるか、すこし試してみてください。

示した三十四語のどれに「お」をつけるかということです。数十年以上も前、国立国語研究所が東京に住む既婚女性に尋ねたことのある問題です。

万年筆	みそづけ	ズボン	大工
聞きちがい	ぞうきん	目	ピン
試験	味付け	戦争	帽子掛け
借り物	刃物	苦しみ	電話口
修繕	身の回り	そで	指
年恰好	ちゃんちゃんこ	点	世話好き

料理場	財布	うわさ	子持ち
呼び出し	さかずき	だいこん	炊事
さしみ	醤油		

どうですか。「みそづけ」とか「刃物」などにはつけますか。

二十歳以上の既婚女性十八人に聞いて「おみそづけ」七人、「お刃物」が二人あったそうです。多い順に並べるとこうなります。

醤油（十七人）、さしみ（十六人）、さかずき（十四人）、財布・うわさ・呼び出し・だいこん・炊事（十一人）、目・世話好き・料理場・子持ち（十人）、ズボン・ぞうきん・味付け・借り物・電話口・そで・年恰好（九人）、帽子掛け・苦しみ・身の回り・点（八人）、みそづけ・聞きちがい・試験・指・ちゃんちゃんこ（七人）、修繕（五人）、刃物（二人）、万年筆・大工・ビン・戦争（ナシ）。

だいぶ現在とは様子がちがうのではないかという気がします。みなさんは半分以上はつけないのではないでしょうか。

私がすこし意外なのは、「試験」や「ちゃんちゃんこ」に七人もつけていることです。「試験」の場合は、「おたくさまのおぼっちゃまのお試験は」式の会話で使われたものでしょう。「お運動会・お幼稚園」がからかわれて減ってきたように、「お試験」も減ってきていると思います。結構なことです。

「ちゃんちゃんこ」は身につけるものですから、たしかに尊敬すべき人が着ていれば「おちゃんちゃんこ」ともなるでしょうが、この語はすこし軽い感じの、俗語的な言葉です。漢字は「猿子」なんていう字をあてるくらいです。「おちゃんちゃんこをお召しになっておいでで」という言いかたをしても、すこしからかった感じになるかもしれない。ステテコ、サルマタにやや近い。

富安風生《とみやすふうせい》に「ちゃんちゃんこ着ても家長の位かな」という句があります。一般に、俳句にはちがいないのですが、川柳のようなおかしみがありますね。

チャンだのシャンだのではじまる語は、外来語でなければまずは俗語・幼児語です。「お」はやめたほうがいいでしょう。

それにこの語は、「お」をつけるにはやや長すぎます。おコウモリガサ、おホウレンソウ、おカイワレダイコンが変なように、やはり変です。

また、「お世話好き」「お年恰好」が半数の人に使われ、かなりの高率を示していますが、みなさんにはお勧めしません。理由はおもにふたつあります。ひとつは語の意味です。世話好きというのは好ましい性格にはちがいありませんが、言葉として尊敬にふさわしいとらえ方とは言えません。もしあなたの恩師が世話好きだったならば、

大山先生はお世話好きだ

と言うのではなく、

大山先生はわけへだてなくお世話をしてくださる（お世話くださる）

とかいうふうにとらえ方を変えるべきです。

ついでながら「お世話してくださる」とは言わないこと。「お世話する」は目上への動作です。

「年恰好」もどちらかといえばよその人にふさわしい語で、「君が目撃した人物の年恰好は？」といった使いかたが一般です。尊敬する人に使うなら「お年のほど」とでも言うべきでしょう。「気苦労」「下働き」「心配性」なども語句の意味からして「お」はいらないようです。

それともうひとつ、**複合語には「お」はつけない、というのが大原則**です。

いま挙げた気苦労、下働き、心配性などもそうですが、身近・身ごなし・身振り、目つき・目配り・めんどう見、腹芸・腹ごなし・足さばき、さらには出窓・袖無し・安楽椅子の類まで、べつに悪い言葉ではないのに「お」はつきにくい。

先の問題の中では借り物、帽子掛け、身の回りなどもかなり「お」がついていましたが、私は勧めません。「お借りした物」と言えばすむし、「お帽子掛けはそちらで」と言わなくても、「お帽子はそちらにお掛けになって」と言えます。「お身の回りのご用にあててくだされば」と言わなくても、「身の回りのご用にあてていただければ」といった言いかたをするなら、敬意はじゅうぶんに表現できます。

もちろん例外はありますよ。あたりまえの話で、なんにでも例外はあるものです。お見かけ、お見捨て、お見過ごし、お見送り、お目どおり、おめがねちがい等々、目の関係だけでもいろいろあります。

複合語といえば、動詞の場合もやはり「お」はあまりつきません。「ないがしろにする」「かえりみる」「だしにする」「油をうる」「かこいこむ」「そばだてる」「ぬきんでる」などに「お」はつきません。これにも例外があることはもちろんです。

「お」は、あくまで尊敬語

「お」は大事だからといって、だいぶこだわってしまいましたが、もう一点だけつけ加えておきます。

この「お」は、一見敬意が感じられない場合でも、基本的に尊敬語であるという点です。そのものに実際に尊敬をもってつけた語であるという点です。

おはち、お箸、おはよう、お天気などはもちろんですが、おちゃめ、おてんば、おさんどん、お手玉、お目玉（を食らう）、おめかし、お手盛りなどもそうです。おめかけさん、おばかさんからおちんちんまで。

どれをとっても敬意や遠慮、おそれ・はばかりなど、広い意味の尊敬からきた言葉で、敬語論では尊敬語に分類される言葉です。

おばかさん、おめかけさんがなんの尊敬かと思うかもしれませんが、尊敬語です。つまり、実態・内容としては尊敬すべき対象とはいえないものであるだけにかえって、とくにこれを高めた表現をすることによって発言しやすくするわけです。そして、「高めた表現」がすなわち尊敬語というものなのです。

美化語はまちがった認識から出てきたもの

学者によっては美化語というものを敬語の分類項目として大きく取りあげる人があります。

しかし、みなさん。みなさんは、この美化語という考えかたには近づかないでください。**美化語説は基本的にまちがった認識**から出ています。

彼らは、「ごはん」「お米」「お天気」「お菓子」「ごほうび」の類の語は敬意とは関係がないと言います。敬意・尊敬の念はまったくなく、ただ自分の言葉を上品らしく飾るための語である、というのです。

とんでもない。

彼らはたとえば「お米」や「ごはん」というものになんの敬意も感謝の念も持っていないのですが、それは彼らのかなり特殊な性向であって、あたりまえの日本人ならばそんなことはありません。

私たちは、お米、ごはんといったものは、感謝の念をもってありがたくいただいています。まずは父母の恩、お百姓さんへの感謝、さらには天地自然の恵み、神仏の加護、こうしたものがあってはじめてごはんは私たちの口に入るのだという思いは、べつに宗教などとは関係なくみなに共通のものではないでしょうか。

美化語説の人たちは、この感覚が完全に欠落しているわけです。

食事のとき私たちは自然に「いただきます」と言っていますが、これはごはんをありがたく尊いものと感じているからにほかなりません。だから尊敬語をもって「ごはん」と言うのです。

彼らは、食事の前の「いただきます」についても、これは敬意とは無関係だとしますが、私などには想像もつかない心情です。これはなにも日本人だけでなく、ほとんど世界中の人が、食事の前にはなんらかの形で感謝の表現をするようです。極端な言いかたかもしれませんが、美化語の説を唱える人たちは、私にはなにか人格的な欠陥があるように思えてなりません。

たしかにちかごろは飽食の時代などといって、食物を尊ぶ気風は薄れつつあるようですが、それが進んで感謝や尊重の気持ちがまったく失われた状態を基礎にして敬語説などをくみたててはいけません。

美化語という考えかたをはじめて提唱したのは早稲田大学の辻村敏樹さんでしょうが、それを承けて徹底させた人に大石初太郎さんがあります。大石さんによれば美化語とは、「もの言いを上品、きれいにする言葉。自分自身の言葉の飾り」なのだそうで、例として、

お菓子　ごほうび　お手洗い　おなか　おすもじ　お冷や　おにぎり　おやつ　おすそわけ　おいしい　ごはん　お茶

などを挙げています。

みなさんはもうおわかりでしょう。これらは全部、尊敬語をつくる接頭語

「お」「ご」がついて成立した尊敬語です。それぞれ「菓子」「ほうび」「手洗い」など敬意の含まれないものと対立しているわけです。

「おなか」なども面白い言葉で、宮中女房言葉が一般化したものです。腹は肉体の一部分で、しかも日常隠しておく部分ですから、「尻」などと並んで直接にその名称を口にするのがややはばかられるものに属します。こうしたものは、気楽に口にするためには、なにか遠回しに言う婉曲表現がなくては不便です。そこで、「食事」を意味した「なか」に敬語「お」をつけて造語されたものでしょう。

ほかの接頭語・接尾語の類をつけてもよかったはずなのに結局「お」をつけたのは、これを大切なものと扱う態度にほかなりませんから、やはりもともと敬意にもとづくものと言えます。ただ敬意が薄れているとは言えるでしょう。

一方、ほとんど口にすることのできない一部の卑語の類には、ことさらに「お」をつけて、ふつう敬意の感じられないものもありますが、それらにしても、はばかり・遠慮の表現と見ればやはり敬意が基本にあるわけです。

ひとつひとつの語については、それぞれ語誌・語源をたずねなければならないものもありますが、**「お・ご」がついていたらまず尊敬語**だとしてまちがいありません。

『斜陽』の敬語で練習問題

こんどはすこし例を広げて、太宰治の有名な『斜陽』の一節を見てみましょう。いうまでもなくこの作品は、すこし前までは日本にもあった貴族階級の没落（斜陽）を背景にこの家族を描いたもので、太宰も文章の粋を凝らしたものです。

朝、食堂でスウプを一さじ、すつと吸つてお母さまが、

「あ。」

と幽かな叫び声をお挙げになつた。

とはじまるあの名作、冒頭に近いところです。敬語に気をつけて見てください。

弟の直治でさへ、ママにはかなはねえ、と言つてゐるが、つくづく私も、お母さまの真似は困難で、絶望みたいなものをさへ感じることがある。いつか西片町のおうちの奥庭で、秋のはじめの月のいい夜であつたが、私はお母さまとふたりでお池の端のあづまやで、お月見をして、狐の嫁入りと鼠の嫁入りとは、お嫁のお支度がどうちがふか、など笑ひながら話合つてゐるうちに、お母さまは、つとお立ちになつて、あづまやの傍の萩のしげみの奥へおはひりになり、それから、萩の白い花のあひだから、もつとあざやかに白いお顔をお出しになつて、すこし笑つて、

「かず子や、お母さまがいま何をなさつてゐるか、あててごらん。」

とおつしやつた。

「お花を折つていらつしやる。」

と、申しあげたら、小さい声を挙げてお笑ひになり、

「おしつこよ。」

とおつしやつた。

ちつともしやがんでいらつしやらないのには驚いたが、けれども、私などにはとても真似られない、しんから可愛らしい感じがあつた。


さて敬語の宝庫です。敬語の問題の宝庫と言ったほうがいいかもしれない。

そこでまず問題です。

問題 **右の文中に出ている敬語のすべてに傍線を付しなさい。**

答 「お母さま」「おうち」はじめ「お」のついたものは全部敬語で、尊敬語です。
「お池」や「お支度」はなにを尊敬しているのか、と思うかもしれませんが、文字どおり池や支度を尊敬しているのです。その点はさっき言ったことを思いおこしてください。

池は、尊重すべきわが屋敷の池であり、支度はたとい狐や鼠のものであっても、婚礼となれば厳粛に扱うべきものであり、まして昔からの伝説おとぎ話のものでもあって、われわれにとってただならぬものだ、とする態度が「お支度」となったものです。

「おしっこ」の場合は、ふつう露骨に口にしにくいものであるために幼児語の「しっこ」を借り、さらに「お」でことさらに高め尊重した語法をとることで、高級語彙の仲間入りをさせる。いわば言葉の社交界にデビューさせる、といった働きのものです。

「お立ちになる」「おはいりになる」などは、「お（ご）――になる」という一般形式の尊敬語の代表的な形です（37ページ参照）。

「なさる」「おっしゃる」「いらっしゃる」は、する、言う、いる、の意味の敬語動詞です。語法上の加工、操作を加えるまでもなく、これ自体が敬語の動詞であるというもので、これ以外には「召しあがる」「おぼしめす」ほかほんのわずかしかありません。

「申しあげる」はほかと性質がちがっていて、下位者が上位者に向かってものを言うことを意味する敬語動詞で、謙譲語と名づけられるものです。

これらの中できわめて興味深いのは「お母さまがいま何をなさつてゐるか」という表現でしょう。

「なさる」はもちろん、目上の人の動作を尊敬して用いる敬語動詞ですが、ここでは話し手が自分の動作に使っています。こうした用法はきわめてめずらしく、型どおりに言えばまったくの誤用です。ところがここではちょっと誤用とは言い切れない。

もちろん、われわれが通常の社会生活でこんな言いかたをしたら馬鹿にされるだけですよ。私たちはけっして真似してはなりませんが、これは自敬表現などといって源氏物語などの古典にはしばしば現れるものです。謙譲語の場合に

現れやすく、時代劇などで上級武士が、

近う参れ

早く申せ

と言うのはわれわれにもなじみとなっています。自敬表現はよくあることなのですが、近代小説にはめずらしい。

この語法は、貴族家庭の家刀自《いえとじ》が、母親として客観的にも完全な上位者の立場から娘に向かっているものととらえることができます。「なさる」は、親子関係においては侵すべからざる絶対的地位の表現です。こういうことは貴族世界でしかありえないことで、源氏物語ほかに現れるのもそういう意味のものです。

この母子においては、母親の行動はつねに尊敬をもって扱うしかないものとすれば、たまたま発言者が母自身であったとしても、そこは動かせないものとなるのです。

くりかえしますが、これは特殊な例外的語法ではあるのです。われわれに許されるものではありません。ただ、右のような理解は成り立つのであって、基本的に**敬語を上下識別の語彙体系ととらえる本質論**に立てば、なんら不思議なものではありません。

ただ、近代の上流家庭に現れたこの語法は、右のような意味とともに、娘の用語の借用という面もあって、庶民のあいだの「ボク、いくつ？」などとも共通するものがあります。一般家庭でも母親は自分のことを「お母さん」と尊敬語で語ることが多いように、つまりは一体感、親愛の感情が言葉に現れたものでもあります。

とにかくこの「なさる」は、すぐまちがいだとか不自然だとか滑稽だとか言ってはなりません。

太宰治とはちがった意味で自分を本物の上流階級と思っていた志賀直哉は、『斜陽』作者の敬語を、無知な田舎者の気取りだというふうに言いました。太宰治は怒って強烈に反撃し、『如是我聞《にょぜがもん》』で、志賀直哉の『うさぎ』の中の、「お父さまはうさぎなどお殺せなさいますの？」というせりふを攻撃していますす。太宰は、「『お殺せ』、いい言葉だねえ。恥づかしくないか」と決めつけています。

たしかに「お殺せなさる」は変でしょう。「殺すなんて、おできになりますの？」とでもやるところでしょうか。

とにかくあまり、ひとの言葉づかいの攻撃はしてはならないものです。

私などは、ひとの言葉の攻撃をほとんど職業化（？）している人間ですが、じつはひとの「言葉づかい」そのものを非難攻撃はしません。

ただ、まちがった言葉、不適当な言いかたを変にけしかけたりそそのかしたり、弁護したり自慢げに使ってみせたり、あるいはとんでもない「理論」をでっちあげて世間の人を迷わせたり混乱を助長したり、という一群の学者や教育者、ジャーナリストのたぐいを攻撃しているだけです。ひとこと弁明しておきます。

「られる」という言葉について、ちょっと一言

太宰治の右の文章で、敬語ではありませんがちょっと注意しておきたいのは、「私などにはとても真似られない、しんから可愛らしい感じがあつた」の「真似られない」です。もちろん「真似ることができない」という意味で、「真似る」という動詞の未然形「まね」に助動詞「られる」がついたものです。きちんとした言いかたです。

「れる・られる」という助動詞には「受身・可能・自発・尊敬」の四種の用法があって、この場合は「可能用法」というわけです。この語にはちょっと困った性質があって、この四種の用法が全部、形が同じなのです。たとえば、

私の発明なのに早速真似られちゃった　（受身）
私などにはとても真似られそうもありませんわ　（可能）
先生がそれを真似られたとは思えません　（尊敬）

という具合です。みな同じ形です。

「自発」の例文を出さなかったのは、真似るという語の意味からして自発用法の例文はあまり考えられないからにすぎません。「先生がそれを真似られたとは」という例文も、尊敬用法としてはすこし不自然です。これは動詞の意味内容によります。

さてこのようにいろいろ用法がある。ということは、へたな使いかたをすれば誤解を受けやすいということです。

そこでそれを避けようとする意識も働いて、「私には真似れません」という言いかたが現れた。これが有名な「ら抜き」という現象です。出れる、寝れる、述べれる、早めれる、着れる、見れる、伸びれる、といった言いかたです。

しかし、出られる、寝られるが誤解されやすいといっても、それは使いかたがへただからであって、上手に使えばまったく誤解を受けることはありません。出れる真似れるを真似る必要などはまったくなく、私たちはきちんと「ら」を入れて、出られる、着られる、真似られる、と言えばいいのです。『斜陽』の娘さんは当然「真似られる」と正しく言っています。

例文に丁寧語が出てこないわけは?

さてこの文章でもう一点だけつけ加えておきます。それはこの文には丁寧語がひとつもないということです。

丁寧語というのは本書でいろいろ述べていますが、話し相手へ直接敬意を表現する言葉で、「です・ます・ございます」の類です。「類」と言いましたが、現代語ではこれしかありません。例文には見あたりません。

それは当然のことで、この小説はひとりの女性の独白形式をとっていますから、直接語りかける相手が存在しないのです。だから地の文には丁寧語は出てきません。会話部分には当然出ますが、挙げた例文には見えません。

ただ、学者によっては「お嫁」や「お支度」について、これを丁寧語だの美化語だのと言う人がありますからご注意ください。この本の読者はそんな説に惑わされてはいけませんよ。お嫁、お支度は尊敬語です。

大江健三郎さんの敬語で練習問題

つぎのものは、大江健三郎さんの、対談での言葉です。国語学者の堀内武雄氏が「文章表現と敬語」（『國文學・解釈と教材の研究』第十七巻四号、學燈社）というコラムで引用しておられるのを引いてみます。対談の相手は、広島原爆病院長の重藤文夫氏です。

今日のスケジュールを①うかがってもわかりますように、②先生はこういう非常な激務に、六時にお③起きになって十一時に④お休みになるまで、一週間ずっと、ほとんど日曜日もふくめて⑤活動なさって、きわめて⑥お疲れになると思うのですけれども、それでもなお⑦お健康で⑧いられるのは、ひとりの被爆した人間として、自分の健康にいつも注意をはらって⑨おられるというこ

とも[10]おありになるのでしょうか。

　これは尊敬する人物との直接の対話の場面ですから、丁寧語「です・ます」が盛大に使われるのは当然です。丁寧語はのぞいて、尊敬語、謙譲語にはぜんぶ傍線をつけてみました。

　これは談話の記録ですから、書斎で原稿用紙に書きこんだものではありません。だれだって、そういうときにはすこし不自然な、丁寧すぎるような言いかたもしてしまうものです。

　右の談話にもそういう傾向が見えます。ましてこの対談の相手は、大江さんがとくに尊敬している人物ですからなおさらです。

　だから大江の敬語つかいはへただ、と言ってはいけませんが、ここはノーベル賞作家だということは忘れて、すこし批判的な目で見て、「訂正」を加えてみてください。

問題 **大江健三郎さんの右の談話筆記につき、①〜⑩の中で不適切な敬語を訂正せよ。**

答 ①「うかがう」は適切な謙譲語です。

②も当然の尊敬語です。

③④の部分はややわずらわしい。このようにひとの動作を「――して、――して」と続けるような場合は、原則として後のほうを尊敬語にするだけでじゅうぶんです。つまり、「六時に起き十一時にやすむというように、――活動なさって」という形です。

また「お起きになる」は「お煮になる」「お老いになる」などと同様やや強引で、「起床なさる」のほうがいい。一般に上一段活用の動詞には「お――になる」の形式の尊敬語はふさわしくないものが多いようです。たとえば「お悔いになる」「お過ぎになる」「お着《き》になる」「お似になる」「お帯びになる」などです。なお「就寝する」の意味の「やすむ」は、「寝む」とするか仮名書きのほうがいいように思います。

⑤「活動なさる」は、「――なさる」「お（ご）――なさる」の形式を用いた尊敬語です。

⑥「お疲れになる」は尊敬語として、これ自体はなんの問題もありません。「お疲れになったことでしょう」などふつうの言いかたです。

ただ、「疲れる」という動詞は、「飽きる」とか「似る」とか「写る（写真に）」とか「経《へ》る」とかと同様に、あまり積極的な動作・行動ではなく、いわば「自然的実現」といったものなので、たいていは敬語抜きですむものです。必要なときはほかの要素を加えて尊敬表現にします。たとえば、

（キムタクに）似ておいでになる

モスクワを経てパリにいらっしゃる

という形です。

この場合も、あとで敬語でおさえますから、「ひじょうに疲れると思うのですが」とやっても悪くはありません。

⑦⑧「お健康でいられる」というのは、あまり適切ではありません。

まず「お健康」。一般に、健康とか病気、入院、壮健の類つまり漢語には「ご」をつけます。例外はたくさんありますが（お食事・お電話・お時間など）、「健康」の場合は「ご」が適当です。大江さんは、目の前の人物への尊敬心からまず「お」が口に用意されてしまい、やむなく「健康」を続けて「お健康」としてしまったのではないかと想像されます。文章に書くときはきっと「ご健康」とするでしょう。

またここは「ご（お）」がなくてすむ場所でもあります。つまり「健康を保っていらっしゃる」「丈夫でおいでになる」という具合です。

第一語を敬語にしないことがコツ

ここでみなさんに耳寄りなことをお知らせしましょう。

敬語使用の秘訣、要領、コツは、第一語を敬語にするな、ということです。

まず最初に口にするのは情報の中心的な核の部分にせよ、ということです。

たとえば、（先生は）用意をしたうえで語った、ということを述べるとき、「ご用意」という言葉は最初に出すな、ということです。はじめに「ご用意」とやってしまうと、つい「ご用意されたうえで」などと、とんでもないミスを犯しがちである。ここはただ「用意を」とばかりに情報の核心部分を口に出してしまえばいいのです。

敬語は後ろのほうが大事なのですから、はじめナマな言葉を出しても、あとでじゅうぶんに補いがつきます。

用意をなさったうえで、

と、すんなり続く。

「花を見ていた」の場合も、まず「花を見て」と言ってしまう。すると「花を

見ておいでになりました」ときれいにまとめられる。それを「花をご覧に」と

はじめると、「ご覧になられていました」とか「ご覧になっていました」とか、

まずいニュースアナウンス並みの表現になりがちです。

ご覧になっていた

の形は、結びに敬語がなく失礼な表現になっていますね。「見て」とはじめ

れば「見ておいでになった」「見ていらっしゃった」「見ておられた」等の適切

な表現が自然にわきでて来る、というしかけなのです。日本語は、みなさんが

思っている以上にじつは情報中心主義的な言葉なのです。

大江さんも、「お健康」とはじめてしまったために、あとでもつれる結果に

なりました。つまり「お健康でいられる」となってしまった。

⑧「いられる」とはなんでしょう。「いらっしゃる」意味の尊敬語なのでしょうか。「いることができる」という可能表現なのでしょうか。助動詞「れる」の不注意な用法と言っていいでしょう。「尊敬」ならば、

健康を保っておいでなのは
健康でいらっしゃるのは

とやればいい。もし「可能」ならば、

健康に過ごせるのは
健康にお過ごしできるのは
健康にお過ごしになれるのは

とやればいい。いろいろ適切な表現はあるのです。

なお、「いられる」がもし尊敬表現だとすると、大江さんも案外なほど新派古典派だといえるかもしれません。

というのは、「いる（ゐる）」と「おる（をり）」について、最近見る敬語入門書の類には、よくつぎのような解説があるからです。つまり、「おる（をり）」は古来謙譲語であるから目上の人には使えない、敬語なら「いられる」とすべきだ、というのです。そういえばたしかに、「お待ちしております」という塩梅に、謙譲の文脈で使うことは多い。しかし、これは謙譲語だと決めつけることは不可能で、そういう用法も、あるというにとどまります。

敬語の「しておられる」は、古いものにもありますが、近代ではまったく通常の用法です。大江さんは、「古典」を根拠とした「最近の」敬語指南に従ったのかもしれない、という意味で「新派古典派」かもしれぬと言ったわけです。もっとも、大江さんはすぐあとで「注意をはらっておられる」という尊敬語を使っていますから、私の「大江新派古典派論」は破綻していますね。「いられる」はやはり可能用法でした。

⑦⑧のあとの「自分の健康にいつも注意をはらって」は、一転して敬語なし

になっています。もちろんあとに⑨「おられる」がくるのでその点は問題がありませんが、ここはやはり、「ご自分の健康には」のほうがいいでしょう。

⑩の「おありになる」。ここは、「あるのでしょうか」でじゅうぶんです。「おありになる」は司会者などの言葉によく聞きますが、やめること。

　先生は長く特別審議委員のお立場におありになる
　社長には三人の男のお子さんがおありになる

よく聞くのではありませんか。

　しかしこれは理屈抜きに（理屈もあることはありますが）みっともないからやめる、ということにしてください。ついでに「立場にあられる」「お子さんがあられる」もやめましょう。

　いままで私が聞いた経験では、この種の言いかたをする人は、やや古い世代の人が多いという印象があります。たいてい戦前戦中経験がある。私がひそかに想像するに、彼らは「にあらせられる」とした「皇室敬語」が頭にあって、これを現代風に翻訳したつもりなのではないでしょうか。

落語『小言幸兵衛』を敬語で表現してみる

以上が大江談話の敬語についての「答え」です。なにかいろいろけちをつけた恰好になりましたが、先にも言ったように話し言葉の記録の場合はまともに批判してはならないもので、大江さんを批判するつもりなどはありません。ただいろいろ考えるきっかけとなる教材として取りあげてみただけです。

つぎは盛大なののしり言葉を見てみましょう。

落語に『小言幸兵衛』という、古典落語の定番とも言うべき名作があります。ある大家《おおや》さんが、貸家の札を貼っておきながら、家を借りにきた人にあれこれ小言を言って断る。その断りかたのおかしさがたまらないのですが、あるときまじめな豆腐屋がやって来て家を貸してくれと言う。いろいろたずねてみるとその豆腐屋、女房とは十年いっしょだがまだ子はないという。そこで大家の幸兵衛がこんなことを言います。

なんだア、餓鬼が無《ね》ェ？ ェえ？ 馬鹿野郎。十年も喰《くら》いやがって子供が出来ねえ？ なあ、そんな冷えた女、よせよせッ、別れちまえ、追い出せッ。で、俺の長屋ィ越して来い。なあ？ 俺がもっと冷えていない、あったまって、体格のいい、四季に妊娠《はら》むようないい女房世話するから、独身《ひとりみ》になって俺の店《たな》（貸家）に越してこい。

すると豆腐屋が、それまでの丁寧なもの言いをがらりと変えてまくしたてます。

馬鹿野郎…何をぬかしやがるんでィ。だまって聞いてりゃ本当に、とんでもねえことをぬかしやがってェ、ェえ？ てめえェ何だ、てめえは。て

めえは大家だろ。大家と言やァ親も同然、店子《たなこ》と言やァ子も同然だァ。そすりゃあ、おめえが親で、俺が餓鬼みてえなもんでィ。その者が夫婦喧嘩でもしたら、てめえたちはよく夫婦喧嘩をするが、そんなもんじゃねえ、あんなもんだこんなもんだと、何か言って聞かせるのが、てめえの役でィ。ふン、夫婦別れして俺の店に越してこいて？　ふざけたこと言うない、べらぼうめ。そんな嬶《かかあ》ァなら別れろ別れろと言いやがったってなァ、こっちはそんなたやすく別れられるような仲じゃねえんだ。こン畜生めェ何を言ってやんでィ。お前《めえ》でなくちゃならねえ、お前《ま》はんじゃなくちゃならねえと、好いて好かれて、好かれて好いて夫婦になった仲だい。なにを言ってやんでェ、こん畜生め、ふざけたことをぬかしやがって。

となる。なんとも威勢がいいものです（飯嶋友治編『古典落語』第三巻・三遊亭小圓朝／筑摩書房より）。

そこで問題です。

問題 **大家はあくまで目上の人ですから、本来はこうののしってはいけない。これをひとつ、敬語で丁寧に言いなおしてみてください。**

例解 バッ、バカ、いや大家さん、なんということをおっしゃるんで。だまってうかがっておりますてえと、まあ思いもかけないことをおっしゃるじゃアありませんか。え？　大家さん、お前さまは大家さんでござんしょう。大家と申せば親も同然、店子と言えば子も同然、そうすりゃお前さまが親で、わたしは子みたいなものでございます。その者が夫婦喧嘩でもしたら、お前たちはよく夫婦喧嘩をするが、そんなもんじゃあない、あんなもんだこんなもんだと、なにか言っておせえてくださるのが大家さんの役どころというもんでございましょう。夫婦別れしてお店に越して来いと？　ふざけたことをおっしゃっちゃあいけませんや。そんな嬶なら別れろ別れろとおっしゃいますがね、こっちはそんなたやすく別れられるような仲じゃござんせんよ、まったくまあ。なにをおっしゃいますことやら。お前でなくちゃならない、お前《ま》はんじゃなくちゃならないと、好いて好かれて、好かれて好いて夫婦になった仲なんでございます。いったいまあ、なんということをおっしゃるんで。

だいたいこんなもんでしょうか。

発音・発声にもしっかり気をつけよう

この落語の罵倒語は、語彙としてはそれほど豊富というわけではありません。ぬかしやがる、言いやがる、言ってやがる、あとは馬鹿野郎、てめえ、おめえ、べらぼうめ、こん畜生め、といったところでしょうか。

それなのにすみずみまで罵倒語に満ちているように感じられるのは、使用語彙よりは発音によるところが大きいようです。

つまり、「とんでもない」を「とんでもねえ」、「おまえ」を「おめえ」、「みたいな」を「みてえな」、というくずした発音によってののしっています。

　これはもちろん、日本語ではひじょうに大きなののしりの要素で（外国でも同じでしょうが）、いくらしっかり敬語を知って使っているつもりでも、この発音発声のくずれひとつでまったく台無しになってしまうものです。

「先生もおいでになりますか」と言ったつもりでも、「先生もおいでになりヤすか」と聞えたらもうだめです。

　親子や師弟のあいだで発音・発声のくずれが現れたら、もうその健全な関係は破壊されたと言っていいでしょう。

　みなさん、敬語の知識はもとより大事ですが、発音・発声にはもっと気をつけましょう。

　ただ、この落語ののしりは、まったくの江戸庶民の言葉ぐせといった感じで、どこやら憎めませんね。江戸弁だと思ったほうがいいでしょう。

　毒のあるすさまじいばかりののしり言葉は、浄瑠璃《じょうるり》などを見るとじつに豊富です。またその後でも、たとえば泉鏡花の『日本橋』あたりを見てもすごいほどです。主人公の若い芸者を叔母がののしる場面では、遅いぢやないかね。真昼間《まつぴるま》、お尻を振廻して歩行《ある》いたつて、誰も買手は有りはしないや。鳶《とんび》につつかれるくらゐが落《おち》なんだよ。

というわけで、なんとも息をのむばかりです。

おもしろいのは、ここには発音による罵倒の要素がほとんどないことです。語彙としても特別なものはない。これはまた別に考えるべき問題ですね。

ハギノ式敬語スタジアム Ⅱ スパーリング編

さてここで軽いジャブを出しておきます。いままで述べたこととの直接の応用問題ではありません。新規です。しかしむずかしい問題ではありませんから、うまくよけ切ってください。

つぎのような場合、どう言えばいいでしょうか。

問1 駅のアナウンスで、客に「入場券を持っていない者はこちらで買うように」と案内する。

例解 入場券をお持ちでないかたは、こちらでお求めください

「お持ちでないかた」の部分はいろいろな表現ができます。

持っておられないかた
持っていらっしゃらないかた
持っておいででないかた
持っておいでにならないかた

その他「お持ちになっておられないかた」なども成り立ちます。ただ、ここは駅構内のアナウンスですから、なるべく簡潔なほうがいい。「例解」は適当なところです。

「持って」で始まる例文をいくつか挙げてみました。私はむしろこっちを勧めたいと思います。というのは、先に触れたように初めから尊敬語をかかげて「お持ち」と始めると、思わぬ失敗をする危険があるからです。つまり、

お持ちにならないかた

となったりする。

これは語法上まちがいでもなんでもありませんが、どうかすると「切符は持つ予定もないし、また持つつもりもない人」の意味に聞こえてしまうことがあります。そんな誤解を受けてはたまりません。

「お持ち」で始めるとまた、

お持ちになっていないかた

とやりがちになる。

これは敬語法上まことに行儀の悪い言いかたで、末尾（傍線部）に敬語が抜

けています。「ご覧になっている」はいけない、「見ておいでになる」とせよ、とはほかのページでも言いました。

また同じく、

お持ちしていないかた

という大失敗をやらかす危険もあります。

「お持ちする」とは、大事なものをうやうやしく持つという意味の謙譲語で、「社長、おカバンをお持ちします」という形で使う語法です。切符をお持ちしていないというのは、切符を捧げ持っていないということになり、客への言葉として実に失礼なことになります。

もっとも、実際には「失礼だ、けしからん」と怒る人はありませんよ。なぜ怒らないかというと、ああこの駅員は言いまちがえたな、と思って許すからにほかなりません。

問2 **講演会の聴衆に向かって、司会者が「質問のある者はいるか」とたずねる。**

例解 なにか（ご）質問がございますか
なにか（ご）質問がございましょうか
なにか（どなたか）質問なさるかたはいらっしゃいますか

もちろんいろいろな言いかたはあるわけですが、だいたい右のとおりです。ここの「ございます」の「ござる」は、ものごとがある、存在するという意味の尊敬語です。

俗語では「どうもござってるらしいな」などと言って、人に惚《ほ》れこんで心がうつけになることを言ったりします。また魚など腐りかけたのを「ござった」と言ったりする。しかしこれはべつの話です。

ところで、私が見たある参考書に同じような問題が出ていて、解答は「なにか質問がおありでしょうか」とありました。よく耳にはしますが、やめたほうがいいでしょう。

もちろんまちがいではありません。江戸の婦人語では「こぞんじか」を「おしりか」などと言っているくらいです。まちがいではないけれども、いまはやめたほうがよい、とは先にも言いました。

問3 **ある日のオフィス、課長のところになにか依頼の件を持ってきたと思われる若い客が来た。第三応接室に待たせてあることを課長に伝える。また、課長と同レベルの他社の人の場合は?**

例解 (お若い) お客さまがあちらでお待ちしていらっしゃいます

(お若い) お客さまがあちらでお待ちしておいでです

ちょっと意外な解答かもしれませんね。「あちらでお待ちです」としたかもしれません。

それもまちがいとはいえませんが、ただ「お待ちです」にはこの若い客と課長との上下の関係が表現されていません。あなたはこの客を、課長から見て下位者、つまり課長から世話とか指導とかを受ける立場の人ととらえているはずですから、この客の「待つ」動作は課長に対して「お待ちする」と低めて表現するのが適当となります。それによって、課長にはくどくど説明をしなくても、課長は客のだいたいの地位・立場をすぐに理解できるわけです。

そのことは、例が「客」でなくて「課長のお子さま」だったとしたらすぐ納得できるでしょう。

お子さまがあちらでお待ちしておいでですよ

となるわけです。

だから付録の設問、客が課長と同レベルの他社の人だった場合は、

お客さまがあちらで待っていらっしゃいます
お客さまがあちらでお待ちです
お客さまがあちらでお待ちになっておいでです
お客さまがあちらでお待ちになっていらっしゃいます

という具合になります。こうなれば、課長もある程度は緊張して応接室に出かけることになるでしょう。

ところで設問は、「待たせてあることを課長に伝える」とありました。ところが解答では「待たせてある」ことは言っていません。客が「待っている」ことを言っているだけです。いやしくも客である以上、ビジネスの世界ではひとになにかを「させる」というとらえかたはしないのが本当だからです。

待たせる、届けさせる、言わせる、来させる、買わせる、などは使う場があまりないのではないでしょうか。

問4「先生の主たる研究分野は戦記文学である」ことを、会合で紹介する。

例解 先生が研究していらっしゃる主な分野は中世戦記文学です
先生のご研究の主な分野は中世戦記文学です

だいたいこんなところでしょう。

この問題でも、はじめに「研究して」と敬語抜きで語り出したので、「いらっしゃる」ときめることができました。

これを「ご研究」と言ってしまうと、どうしても「ご研究してい、る分野は」とか「ご研究されてい、る分野は」とか、あるいは「ご研究になってい、る分野は」とかいう不適切な表現が口をついて出がちなものです。「ご研究の主な分野は」とした例解は、なかなかいいでしょう?

またほかの本の批判ですが、ある参考書には似たような問題の答えとして、「ご研究になってい、る分野は」とありました。これはまずいのです。何度でもくりかえして言います。**「敬語は結びが大事」**ということです。

問5 **結婚式に先生が出席してくれるとはじつに光栄である、と先生に葉書を書く。**

例解 結婚式に（は私のために）ご出席くださるとのこと、まことに（ありがたくまた）光栄にぞんじます。

「ご出席くださるそうで」とやりませんでしたか。この「そうで」は少々不適切です。「とのこと」はうまい表現です。

また「じつに光栄でございます」とやりませんでしたか。まちがいではありませんが、やや、客観的評論のごとき気配がただよってしまいます。つまり、光栄であるか光栄でないか、私は光栄であると判断する、といった感じが匂うわけです。ここは直接自分の感情を告白する形で、「光栄にぞんずる」としたほうがいいでしょう。

もっともこの点は、敬語の問題というよりは微妙な作文技術の問題ですから、この際あまり気にしなくて結構です。

問6 興味のある者は参加してもらいたい、と広く呼びかける。

例解 興味をお持ちのかたは奮ってご参加くださいませ

興味をお持ちのかたは奮ってご参加くださいますよう（お願い申しあげます）

案外なほどデキが悪かったのではありませんか。ジャブをよけたと思ったら、思わぬ方向からストレートが飛んできたようだったかもしれません。

「興味をお持ちのかたは」と始めて「ご参加いただきたいと思います」とやった人が多いのではないでしょうか。実際、似た設定の質問で、正解がそのように示されているものを見たことがあります。

それよりなにより、ラジオ放送のパーソナリティーといった人たちは、ほとんど軒並み「ご応募いただきますように」とやっていますね。しかし、あれはいけません。

問題の設定は、自分（側）が主催しているあるイベントに参加してくれと呼びかける場面です。**「ご参加いただく」のは自分であって、けっして相手ではありません。**

自分と相手、という二者のみの関係においては、相手の動作を「いただく」と表現する場は存在しません。相手は「くださる」のです。自分は「いただく」のです。

たとえば、

あなたがご参加くださったので助かりました
あなたには是非ご参加いただきたいと思っているのです
ご協力くださったかたがたのご芳名はつぎのとおりです
ご協力いただき深く感謝申しあげます

と並べてみればすぐわかるはずです。この点についても、本書の中でしつこく触れていますから、またかと思わずにご覧ください。

実際私は、この「いただく・くださる」の混同・誤用をなくするためだけでも、一冊の本を書きたいくらいです。みなさんは本書一冊で間に合いますけどね。

問7 テーラーが客に「ちょっと待つならすぐ直す」と話す。

例解 少々お待ちいただけたらすぐお直しします

もちろん「お待ちいただく」のは洋服店の側であって、客ではありませんよ。「(テーラーである私が、客であるあなたに) 待ってもらえるならば」じき直してさしあげますよ、というのがこの表現です。ひじょうにへりくだった表現です。

むかしは「くださるまいか」とでも言ったところを、こんにち「いただけまいか」という形で表現することがかえって多くなっているようですね。

恐れ入りますが、窓を開けていただけないでしょうか

といった表現が、いまは比較的に気軽に口にされているようですが、これは、「私はあなたによって、窓を開けていただくという恩恵に浴することができないものであろうか」という意味ですから、ずいぶん遠回しです。ちょっと謙遜が過ぎて卑屈なものとなっています。

「恐れ入ります」も、少々濫用ぎみではないかと私などは思っています。もっとあっさりと、

お手数ですが、窓を開けてくださいませんか

くらいのところでやっていきたいものです。となれば洋服手直しの例題も、

少々お待ちください。すぐお直しします

のほうがいいかもしれません。

問8 **中学の恩師に電話して、「明日先生の家を訪問していいか」とたずねる。**

例解 明日、お宅にうかがってよろしいでしょうか

このことを前題で言った「窓を開けていただけないでしょうか」式の敬語で言えば、「私の訪問を許していただけないでしょうか」といったものになります。こうまで言う必要はありませんね。「うかがってよろしいでしょうか」でじゅうぶんに謙遜の態度は表現されています。「うかがう」は、上位者のところに参上するという意味の謙譲の動詞です。

訪問してよろしいでしょうか

でもよさそうなものですが、「訪問」といえばこのように事前に都合を照会してからおこなうものでもなさそうです。「お訪ね」も同様です。

あとがき

本書で、敬語は「尊敬語」「謙譲語」「丁寧語」の三つであること（第一章）、さらに「ハギノ式敬語のしくみ図」（第二章）によってあらゆる敬語現象が把握できることを紹介しました。これによって敬語への迷いはすっかり解消するはずです。

さらに、敬語は結びが大事だとか、謙譲語は「相手」とも「自分」ともまったく関係がないとか、尊敬語は「相手」とは無関係だとかいろいろ言ってきました。

たとえば尊敬語「いらっしゃる」は、

「先生もいらっしゃるのですか」（相手が先生）

「先生もいらっしゃるの？」（相手が子ども）

とどちらも成り立つ。これを私は「相手には無関係」と言い、つまりは話し相手が何者であるかによって制約されるものではないのだ、とまあ、いうような意味のことをくどくどと述べたわけです。

もちろんこれは敬語のいわば「本質論」であり「敬語理論」なのですが、同時に私としては、「話題に現れた人が上位者ならば尊敬語を使うのが原則なのだから、ちょっと照れくさくても大いに使いましょうよ」というメッセージもこめたつもりです。

この本の練習問題に挑戦しながら、敬語のリズムをあなたのなかに取り入れてください。

言葉とはふしぎなもので、かろやかに敬語を使っていれば、おのずからひとに対してやさしい気分になってくるものです。となれば、敬語を大いに使っているうちにあなたの周囲は和気にあふれ、ひいてはこの世もまた平穏無事となる、なんてえらいことにもなるかもしれませんよ。

著者　萩野貞樹

萩野貞樹（はぎの・さだき）

1939年—2008年。一橋大学法学部卒、元産業能率大学教授。

1970年、「辻村敏樹氏の敬語説への疑問」で「月刊文法賞」を受賞。1971年、「“人間教育”論をめぐって」で「自由新人賞」を受賞。雑誌『自由』『日本及日本人』などを中心に、国語学、日本語系統論、神話論などに関する論考を多数発表した。

著書に『みなさんこれが敬語ですよ』『みなさんこれが美しい日本語ですよ』（リヨン社）『ほんとうの敬語』（PHP新書）『旧仮名づかひで書く日本語』（幻冬舎新書）『舊漢字』（文春新書）など多数。

本書は、2008年2月にリヨン社より刊行された新書を改題し、文庫化したものです。

二見レインボー文庫

敬語《けいご》の基本《きほん》ご存《ぞん》じですか

著者　萩野貞樹《はぎのさだき》

発行所　株式会社 二見書房
東京都千代田区三崎町2-18-11
電話 03(3515)2311［営業］
03(3515)2313［編集］
振替 00170-4-2639

印刷　株式会社 堀内印刷所
製本　株式会社 村上製本所

落丁·乱丁本はお取り替えいたします。
定価は、カバーに表示してあります。

ISBN978-4-576-15134-2
http://www.futami.co.jp/